Luitgard Jany

Stille für Frauen

Ein Wegweiser zu Kraft und innerer Ruhe

ELISABETH
SANDMANN
VERLAG

INHALT

Die Freude am Weglassen –

Liebe Leserin, lieber Leser,

Stille, vor allem in der Natur, macht mich glücklich.

Auch die konzentrierte Stille beim Schreiben an diesem Buch machte mich glücklich. Aber nicht immer auf die gleiche Weise. An manchen Tagen war ich innerlich abgelenkt. Ich bemerkte, ebenso wie die Frauen, die in diesem Buch zu Wort kommen, dass es *die* Stille nicht gibt. Das Erleben der Stille ist ein sehr persönliches Gefühl. Je mehr ich mich mit diesem Thema beschäftigte, desto deutlicher sah ich die vielen Seiten der Stille. Ihre herausfordernden, widersprüchlichen, verunsichernden; aber auch jene, die Kraft, innere Ausgeglichenheit, Kreativität und Gesundheit schenken.

Mit diesem Buch möchte ich vor allem Frauen ansprechen, und die Frage stellte sich, ob Frauen Stille anders wahrnehmen, intensiver suchen und vielleicht auch besser aushalten als Männer.
Als Psychologin interessiert mich natürlich immer auch das persönliche Gespräch, und zwar beruflich wie privat. Insofern bin ich all den Frauen (unterschiedlichen Alters, Herkunft und Berufs) dankbar, die sich bereit erklärt haben, über ihre Stille-Erfahrungen mit mir zu sprechen. Dass Stille ein äußerst facettenreiches Thema ist, zeigten diese Gespräche, Interviews und Erlebnisse.

Neun Texte von namentlich genannten Frauen, die von ihrer ganz persönlichen Erfahrung mit Stille erzählen, unterstreichen diese Vielfalt. Dafür bin ich dankbar.

Dort, wo es mir nötig schien, finden sich im Buch wissenschaftliche Ergebnisse zur Stille. Ich wollte Vermutungen weitgehend vermeiden. Zudem habe ich mich mit der Achtsamkeit, der Meditation und dem Schweigen beschäftigt. Frauen gehen mit Stille anders um als Männer. Das zeigten uns bereits Frauen aus mythischen Zeiten und dem Mittelalter, die uns aus der weiten zeitlichen Distanz mit ihrem alten Wissen Mut machend zur Seite stehen.

Wie wir im Alltag mit und in der Stille eigene und leicht begehbare Wege zu Kraft und innerer Ruhe finden können, beschreibe ich am Ende des Buches. Dass vor allem eine junge Generation die Stille im Lärm eines (über)fordernden Alltags zunehmend als Rückzugsmöglichkeit entdeckt, erscheint mir ein wichtiges und gutes Signal zu sein.

Ich selbst habe beim Schreiben dieses Buches sehr viel gewonnen: den Rückzug in stilles kreatives Schreiben und die Einsicht, dass sich nur durch ganz bewusstes Weglassen die Geschenke der Stille einstellen.

Ich freue mich, dass Sie sich auf den Weg machen, um Stille zu finden.

Luitgard Jany, September 2019

Kapitel 1

~~~~~~~~~~~~~~~~~

STILLE –
EIN GANZ PERSÖNLICHES GEFÜHL

Was bedeutet »Stille« für Sie?

Bevor Sie weiterlesen, schließen Sie bitte für einen Moment die Augen und lauschen Sie auf *Ihre eigene* Antwort.

*

*

*

*

*

Die Frage »Was bedeutet Stille für Sie?« richtete ich an Frauen, denen ich in meinem Alltag begegnete. Ich fragte meine Friseurin, ich fragte Klientinnen in meiner Praxis, ich fragte Nachbarinnen, die Kundenberaterin im Reisebüro und meine Kosmetikerin, ich fragte Frauen im Fitnessstudio, Verkäuferinnen, Freundinnen, Bekannte und Verwandte, ich fragte Klosterfrauen und Krankenschwestern. Es waren Frauen im Alter von neunzehn bis siebenundachtzig Jahren. Denjenigen, die mich nicht näher kannten, stellte ich mich als Autorin vor, die ein Buch über die Stille schreibt. Anfangs war ich etwas unsicher, wenn ich meine Frage stellte, weil ich befürchtete, sie könnte zu persönlich sein. Doch bald stellte ich fest, dass sich fast alle auf die Frage einließen. Bei manchen löste sie ein anfängliches Zögern aus: »Stille?« Verwunderung las ich in ihren Gesichtern.

Vielleicht ist es Ihnen gerade ähnlich ergangen. Sie sind verwundert. Sie zögern.

Darf ich Sie ermuntern, das, was Ihnen spontan eingefallen ist, als Ihre persönliche Antwort anzunehmen? Meist ist es nur ein Wort. Und möglicherweise finden Sie es unter den folgenden Antworten der Frauen wieder.

»Stille bedeutet für mich …

… Ruhe oder auch innere Ruhe, Entspannung, Glück, kein Lärm, eine Auszeit, in der Natur sein, Schweigen, Langeweile, etwas Positives, Angst, das Göttliche spüren, sich fallen lassen, Meer, kein Telefon, Meditieren, kein Druck, wenn die Kinder nicht da sind, ruhig werden, Wandern, Nachdenken, Loslassen, Einsamkeit, Natur, Luxus, keine Hektik, Trauer, Geborgenheit, Schlaf, alleine sein oder auch alleine zu Hause sein …«

Welche Antworten, glauben Sie, wurden am häufigsten gegeben? Ich verrate es später. Verweilen wir noch etwas bei unserer Fragesituation.

Manche Frauen wollten, nachdem sie geantwortet hatten, wissen, ob ihre Antwort »richtig« gewesen sei. Da konnte ich aus vollem Herzen ein »Ja!« zurückgeben. Denn Stille ist immer ein ganz persönliches emotionales Erleben. Und Emotionen sind nie falsch. Emotionen können verstören, sie können unerwünscht sein, und wir können uns für sie schämen. Dann möchten wir sie unterdrücken. Aber da Emotionen eine wichtige Sprache unserer Seele sind, unterdrücken wir damit auch unsere Seele. Die Seele als unsere treueste Verbündete möchte uns mit unseren Gefühlen zeigen, was *jetzt* für uns wichtig ist beziehungsweise wäre.

Warum nun waren einige Frauen verunsichert und dachten, ihre Antwort sei womöglich falsch? Vielleicht deswegen, weil wir, auch nachdem wir schon ein Wort für unsere Stille gefunden haben, spüren, dass sie uns noch viel tiefer berührt.

Ich kann diese Verunsicherung jedenfalls sehr gut nachempfinden. Stille als Phänomen ist tatsächlich schwierig zu fassen.

Das folgende Bild für »Stille« entstand in mir am Anfang der Arbeit für dieses Buch: Stille ist für mich ganz feiner, weißer Sand. Es ist wunderbar, ihn zu berühren. Mit den Händen durch den Sand zu fahren, sich in ihn hineinzuwühlen, ihn zu schieben. Doch wenn ich eine Handvoll fassen und sie vorzeigen, aufbewahren oder jemandem geben will, verrinnt der Sand zwischen meinen Fingern. Stille lässt sich nicht horten.

Auch das Erleben, dass Stille nicht einfach die Abwesenheit von Geräuschen ist, mag zunächst erstaunen. Am Meer, im Wald, beim Wandern im Gebirge, beim Spaziergang an einem Flusslauf hören wir viele Geräusche. Und verspüren dennoch eine wohltuende Stille. Erinnern wir uns: Stille bedeutete für einige der befragten Frauen »Wald, Meer, Wandern«.

Im Kontrast dazu wird die totale Stille, die künstlich im Labor für wissenschaftliche Versuchszwecke erzeugt wird, als äußerst unangenehm empfunden. Absolute Stille erzeugt Angst. Menschen in eine künstliche, totale Stille in schallisolierten, dunklen Räumen einzusperren, ist eine sehr wirksame Foltermethode. Halluzinationen, die sich bis zur Psychose steigern können, zerstören die psychischen Widerstandskräfte jedes Gefangenen.

Auch jenseits einer solchen Extremsituation kann im Alltag eine plötzliche oder nicht gewünschte Stille Gefühle der Verlassenheit auslösen. Hier möchte ich an die Antworten »Einsamkeit, Angst, Trauer« auf meine Eingangsfrage erinnern.

In der natürlichen Stille gibt es meist Geräusche. Aber bestimmte Geräusche können die Stille verscheuchen. Auch darüber haben »meine« Frauen gesprochen. Sie und insgesamt immer mehr Menschen klagen über fehlende Stille und Ruhe in ihrem Leben. Sicher – Geräusche und Lärm gehören schon immer zum Menschsein dazu. Aber inzwischen ist ein körperliches und seelisches Leiden an Lärmbelastung so weit verbreitet, dass die Weltgesundheitsorganisation es als »alarmierend« bezeichnet hat.

Stille hingegen erleben die wenigsten von uns im Alltag. Stille ist rar, ein Luxus geworden. Auch das mag ein Grund für die Verunsicherung einiger Frauen gewesen sein, ob ihre Antwort »richtig« war. Die Stille ist uns fremd geworden.

Allgegenwärtig ist der Lärm von Autos, Straßenbahnen, Zügen, Flugzeugen, Baustellen, Martinshörnern, Kehrmaschinen. Kneipen, Diskos, Touristengruppen, Partys und Freiluftkonzerte und überhaupt Menschen über Menschen erzeugen Lautstärke. Gefühlt überall. Auch in ruhigeren Wohngegenden können Rasenmäher, Sägen, Hundegebell, Musik und menschliche Geräusche aus der Nachbarwohnung die Stille vertreiben. Sogar im persönlichen Lebensbereich, in der eigenen Wohnung, ist es selten still. Wir sind von vielen potenziellen Geräuschmachern umgeben. Verschiedenste elektrische Geräte bespielen die heimische Bühne. Alexa spricht auch mit uns, wenn wir alleine sind. Daneben hören wir Gespräche und Auseinandersetzungen, spielende Kinder, Lachen, Tellerklappern, Klingeln, Anrufe, Mediengeräusche aller Art. In Restaurants und Freizeiteinrichtungen ist Musik als Hintergrundgeräusch neben dem Sprechen, Lachen, Telefonklingeln der absichtlich ausgerollte Klangteppich. Auf der Arbeit vernehmen wir die jeweils spezifischen Geräusche unseres Berufs. Haben Sie schon einmal in einem Shoppingcenter bewusst hingehört und das Gehörte auf sich wirken lassen? Oder in einem Großraumbüro? In einer Kindertagesstätte oder Schule? Auf einer Baustelle? Oder beim Oktoberfest in München? Hier wird nicht nur gefeiert. Auch hier arbeiten Tag für Tag von morgens bis abends zahlreiche Menschen.

Viele Arbeitsplätze bedeuten Stunde um Stunde Lärm und keine zwei Sekunden Stille. Und zu Hause wartet der auch nicht gerade stille Arbeitsplatz Haushalt. Mit den gegenwärtigen Ladenöffnungszeiten sind Samstage und zunehmend auch Sonntage keine Ruhetage mehr. Events und Festivals beschallen vor allem in den warmen Monaten am Wochenende die Städte.

Die Dominanz der Geräusche in unserem Alltag ist übermächtig. Und der Pegel wird nicht kleiner. Im Gegenteil. Ein Großteil der Deutschen vertritt die Meinung, dass der Umgebungslärm jährlich zunimmt. Am häufigsten fühlen sich die Menschen dabei – nach Daten des Bundesumweltamts – durch Straßen- und Nachbarschaftslärm gestört.

Als eine öffentlichkeitswirksame Reaktion darauf propagiert die Deutsche Gesellschaft für Akustik e.V. den »Tag gegen Lärm« – International Noise Awareness Day. Er soll die Aufmerksamkeit für Lärmbelastung und ihre negativen Folgen erhöhen. Das ist ein wichtiges Ziel. Als ich mir die umfängliche Liste der für das laufende Jahr geplanten Aktionen ansah, suchte ich das Wort Stille jedoch vergeblich. Lediglich eine Veranstaltung mit dem Titel »15 Sekunden Ruhe« am Tag war angekündigt. Ich fand das symptomatisch für den geringen Stellenwert der Stille in unserer Gesellschaft.

Anderswo wird ihr mehr Bedeutung zugemessen. So ist in Indonesien der »Tag der Stille« ein allgemeiner Feiertag. Fasten, Schweigen, Meditation. Laute Veranstaltungen sind an diesem Tag verboten.

Bei uns hingegen ist die Stille auf dem Rückzug. Sie ist die Unbekannte. Dabei verdiente sie es, gestärkt zu werden. Wie wäre es, dem »Tag gegen Lärm« einen »Tag für die Stille« an die Seite zu stellen? Und damit *für* etwas zu sein, *das guttut*. Denn das war es, was die Frauen in ihren Antworten immer wieder hervorhoben.

Damit möchte ich noch einmal auf die Frage »Was bedeutet Stille für mich?« zurückkommen. Es hat mich beeindruckt, dass die meisten Frauen sofort eine Antwort geben konnten. Denn die Stille ist lebendig – in uns. Die prompten Antworten zeigen, dass wir intuitiv spüren, wie tief die Bedeutung der Stille für uns Menschen ist. Vielleicht weil wir eine unbewusste Erinnerung an die Zeit vor unserer Geburt in uns tragen? Obgleich es im Mutterleib nicht still ist, haben wir den mütterlichen Herzschlag und die Geräusche ihrer inneren Organe sicher nicht als Lärm wahrgenommen. Sie gleichen eher Geräuschen wie der Wind und das Wasser sie hervorbringen – ein Rauschen, ein Gurgeln und Pochen. Der Körper der Mutter mit seiner vertrauten Klangkulisse ist die natürliche, für alles Sorge tragende Umgebung des ungeborenen Kindes.

Ab dem Augenblick der Geburt hört der Säugling dann die Geräusche seiner neuen Welt. Mit einem Schrei tritt er ein in diese Fremde.

Sigmund Freud, der Begründer der Psychoanalyse, und sein Schüler C. G. Jung, Begründer der Analytischen Psychologie, vertreten die Ansicht, dass der Verlust der rundumversorgten Existenz im Mutterleib und die Sehnsucht danach uns zeitlebens unbewusst prägt.

Nach der Geburt werden viele Säuglinge an der Brust der Mutter gestillt. Das »Stillen« aber ist abgeleitet von dem Adjektiv »still«, und beide, das Stillen und die Stille sind in der Lage, den Menschen zur Ruhe zu bringen, ihn satt zu machen – hier im eigentlichen, dort im übertragenen Sinne.

Später finden wir einen Ersatz für unseren Verlust in der Natur. Unsere Sprache benennt dies sehr explizit. Wir sprechen von der »Mutter Natur« oder vom »Busen der Natur«. Und zwar überall auf der Welt. Und überall auf der Welt lieben Kinder es, in der Natur zu spielen. Auch wir Erwachsenen halten uns gern in ihr auf. Aber selten so voller Hingebung, so fantasiebeflügelt, wie Kinder es tun, wenn man sie lässt.

In meiner Kindheit verbrachte ich die Sommerferien häufig bei meinen Großeltern auf dem Land. Eine wunderschöne Erinnerung ist mir bis heute sehr präsent: das »Wolkendeuten«. Meine Cousine und ich packten uns eine Decke, Bücher und Limonade ein und suchten uns eine Blumenwiese aus, meist etwas abseits vom großelterlichen Bauernhof. Mit unserem Korb fühlten wir uns, als würden wir verreisen. Hatten wir ein schönes Plätzchen gefunden, machten wir es uns auf der Decke gemütlich und lasen. Manchmal drehten wir uns auf den Rücken und beobachteten die Wolken. Wir entdeckten lustige Wolkenformationen und erkannten Menschen und Tiere oder Gegenstände darin. Verzogen sich die Wolken, lasen wir weiter. Es war still um uns herum. Nur die Geräusche der Natur waren zu hören. Wir fühlten uns rundum geborgen. Alles war schön und einfach.

Ich glaube, dass es vielen Erwachsenen schwerer fällt, sich so unbeschwert ohne bestimmte Vorgaben und Ziele der Natur hinzugeben. Meist ist das Zeitfenster schon abgesteckt, eine bestimmte Wegstrecke ist geplant, und die Leistung wird per Fitnesstracker geprüft und verglichen. Doch unsere Sehnsucht bleibt. Sie hat uns ja motiviert zu rennen, radeln, walken, wandern. Wir empfinden Naturgeräusche als angenehm. Wir spüren, dass sie uns zur Ruhe kommen lassen. Manche Menschen benutzen Kopfhörer, über die Naturgeräusche eingespielt werden. Sie dienen als Lärmschutz und dem besseren Ein- oder Durchschlafen.

Der Schlaf nun ist das Stichwort, das uns zurück zu einer weiteren frühkindlichen Erfahrung mit der Stille führt. Kinderärztinnen und Kinderpsychologinnen wissen, dass Säuglinge und Kleinkinder für eine optimale körperliche und emotionale Entwicklung immer wieder ausgedehnte Phasen der Ruhe und des Schlafes brauchen, um die Reize zu verarbeiten, die auf sie einprasseln. Etwa achtzehn Stunden Schlaf pro Tag braucht der Säugling in den ersten Lebenswochen und dreizehn Stunden im Alter von einem halben Jahr. Fehlt Schlaf, körperliche Nähe oder Nahrung, schreit das Kind. Denn die Sprache des Babys besteht aus Weinen, Schreien und Lächeln. Es kann nur emotional kommunizieren. Die meisten Eltern verstehen diese Sprache und versuchen, auf die kindlichen Bedürfnisse bestmöglich einzugehen.

Durften wir als Kinder die Erfahrung machen, dass unsere Eltern unsere physischen und emotionalen Bedürfnisse befriedigten, dass sie uns beruhigten und von der Welt abschirmten, wenn wir aufgewühlt waren, dann ist diese Erinnerung als ein Engramm mit einer eigenen physiologischen Spur im Unbewussten gespeichert. Der emotionale Ruf des Kleinkindes und das Unbewusste des Erwachsenen sind beide in den entwicklungsgeschichtlich älteren Strukturen des Gehirns, dem Hippocampus und dem limbischen System, beheimatet. Diese Teile des Gehirns steuern unseren Antrieb, das Lernen, die Gedächtnisbildung und unsere unbewussten Gefühle. Hier werden, wie auch im »Furchtzentrum« des Gehirns und in den Amygdala genannten Strukturen, unbewusst ständig Emotionen generiert – so wie uns überhaupt nur wenige Prozesse im Gehirn durch Hinzuschaltung der Großhirnrinde bewusst werden.

Doch keine Sorge. Die unbewussten Berater sind sehr kompetent. Sie erfassen blitzschnell das ganze Bild. Nur für die Feinabstimmung, die intellektuelle Verarbeitung, ist dann noch der Verstand, anatomisch die Großhirnrinde, zuständig.

Vergangenes jedoch ist nicht gelöscht, sondern als unbewusste Erinnerung in unserem Körper gespeichert. Der Wunsch nach Ruhe aus den Tiefen der Kinderstube unseres Gehirns ist uns vielleicht auch deshalb nie fremd geworden.

Noch einmal möchte ich zu den so facettenreichen und teilweise überraschenden Antworten der Frauen zurückgehen. Sie verdeutlichten mir, dass die Stille für jede eine ganz persönliche Sache ist – aber immer eine wichtige. Und eine, die im Hier und Jetzt spielt. Denn, so erzählten mir einige Frauen, die Bedeutung der Stille hatte sich im Laufe ihres Lebens für sie gewandelt. So war das Wort »Stille« für eine der Befragten in ihrer Jugendzeit ein Synonym für Langeweile und Ödnis. Älter geworden und als berufstätige Frau und Mutter in der Verantwortung stehend, wurde Stille für sie zum Sehnsuchtsort. Zu einem Sehnsuchtsort, den sie mit all den vielen anderen Frauen und Männern teilt, in deren Alltag zu viel zu hören ist.

Stefanie May

DIE STILLE IST MEIN ZUHAUSE

Das war mein erster Gedanke, als ich darüber grübelte, was Stille für mich bedeutet. Vor über 20 Jahren zogen mein Mann und ich mit unseren damals noch kleinen Kindern von München-Schwabing in ein altes Forsthaus, mitten im Wald gelegen und nur über einen Schotterweg zu erreichen. Bis dahin hatten wir immer in Städten gelebt, und so war dieser Umzug ein einschneidendes Erlebnis. Wir zogen vom Trubel und Lärm einer Großstadt in die Stille.

Wenn ich heute an diese erste Zeit zurückdenke, dann fällt mir eine bestimmte Nacht ein. Mein Mann war ein paar Tage beruflich abwesend, und zum ersten Mal war ich mit den Kindern allein in unserem neuen Zuhause. Die Kinder schliefen schon in ihren Betten, und ich saß auf einer Bank vor unserem Haus. Die Dämmerung brach herein, und ich hörte mich in meine neue Welt ein. Ohne jede Ablenkung war ich erstmals von dieser tiefen Stille umgeben, die mir damals noch so fremd war und mich doch in ihren Bann zog. Was diese Stille noch verstärkte, waren gerade die Geräusche, die mich umgaben. Der regelmäßig wiederkehrende Ruf unseres Waldkauzes, der Quartier in einem der Schornsteine bezogen hatte, das Schrecken des Rehwildes, das ich damals noch für das Bellen eines Fuchses hielt, und das Rascheln und Wispern der Bäume. Heute weiß ich, der Wald ist still, aber nie ganz leise.

Die anfängliche Fremdheit ist inzwischen einer tiefen Vertrautheit gewichen, aber an diesen Abend denke ich noch oft. Damals auf der Bank vor unserem Haus habe ich erkannt, dass ich hier glücklich und mit der Stille und in der Stille ganz bei mir selbst sein kann. Denn umgeben von der Natur bedeutet sie für mich nie Einsamkeit. In der Stille unseres Waldes bin ich immer verbunden, mit mir und mit allem, was mich umgibt. Und so kehre ich nach einem lauten Arbeitstag in der Stadt in diese Ruhe zurück. Zurück in meine Geborgenheit, mein stilles Zuhause.

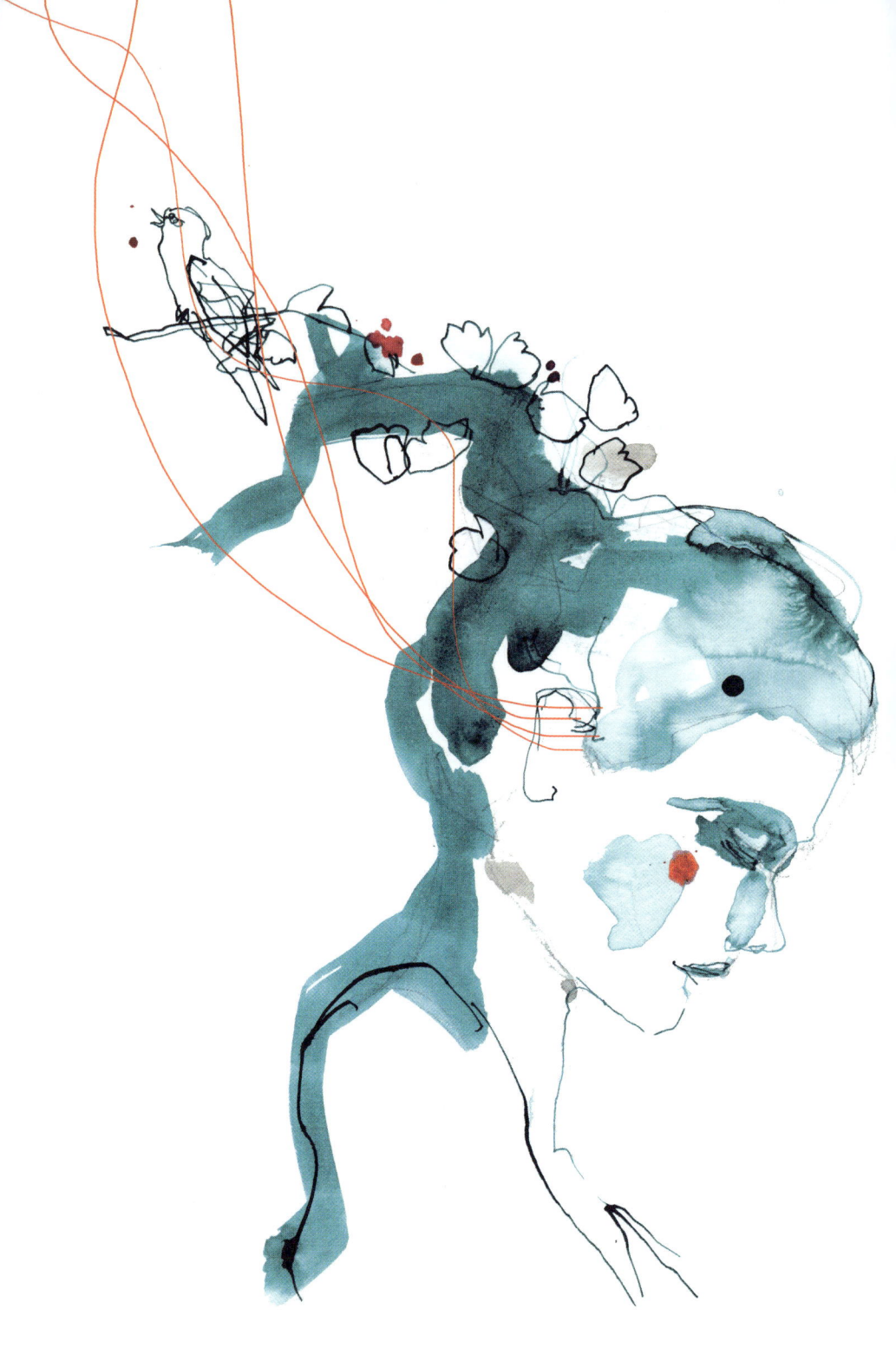

Kapitel 2

STILLE HÖREN

»Seit ich über Stille nachdenke, höre ich mehr.« Das war meine Antwort, als eine Freundin sich nach dem Stand meiner Arbeit an diesem Buch erkundigte. Später dachte ich über meine Worte noch einmal nach. Natürlich, Stille hat mit Hören zu tun. Die Verknüpfung von »Stille« und »mehr hören« passt zusammen – und gleichzeitig auch nicht. Denn Stille herrscht, wenn es wenig oder nichts zu hören gibt. Sie bedeutet die relative Abwesenheit von akustischen Signalen.

Dadurch aber werden in der Stille geringste Geräusche vernehmbar, die sonst im Umgebungslärm untergehen. Im Frühling, wenn der Wind den Lärm der Stadt in die andere Richtung trägt, höre ich im Garten das Aufspringen der Buchenblätterknospen aus ihrer schützenden Hülle. Dieses leise, knackende tausendfache Geräusch macht mich glücklich. Ich höre den Beginn neuen Lebens.

Als kürzlich im Nachbarort wegen Bauarbeiten der Marktplatz für den Verkehr gesperrt war, musste ich abseits parken und zu Fuß meine Erledigungen machen. Da gerade Mittagszeit war, pausierten die Bauarbeiten. Auch ich blieb ganz unwillkürlich stehen und lauschte. Der sonst so laute, lebhafte Marktplatz lag still da. Die Leute gingen ruhig ihres Weges. Die Szene erinnerte mich an meine Kindheit, und ich genoss den Moment sehr.

»Seit ich über Stille nachdenke, höre ich mehr.« Mir fielen weitere paradoxe Formulierungen ein: »schreiende Stille« und »stummer Schrei« zum Beispiel. In der Stille scheint es also einiges zu hören zu geben.

Solche Gegensatzpaare, ähnlich wie »Hassliebe«, »alter Knabe« oder »Eile mit Weile«, werden als Oxymoron bezeichnet. Der Begriff stammt aus dem Griechischen und heißt »scharfsinnig-dumm«. Die sprachliche Figur soll die Vielschichtigkeit, die Doppelbödigkeit, das Sowohl-als-auch eines Sachverhaltes zum Ausdruck bringen.

Dass Stille Gegensätzliches bedeuten kann, haben mir einige meiner Befragten geschildert. »Stille ist hauptsächlich Entspannung für mich«, antwortete freundlich lächelnd eine junge Frau. Es entstand eine Pause, und sie wandte den Blick von mir ab. Als sie wieder aufsah, war ihr Gesichtsausdruck ernst. »Aber Stille ist auch Trauer und Alleinsein für mich.«

Eine andere formulierte es so: »Stille ist für mich innere Ruhe. Wenn ich die nicht habe, ist es auch egal, ob es um mich herum still oder laut ist.«

Meine Antwort, dass ich seit der intensiven Beschäftigung mit der Stille »mehr höre«, war nicht abwegig. Sie bestätigte die Aussagen der Frauen. Genauer betrachtet besagt sie:

* Stille steht und fällt mit dem Hören.

* Stille ist ein vielschichtiges, auch widersprüchliches Phänomen.

* Stille hat mit dem Denken und unserer Persönlichkeit zu tun.

Stille als Herausforderung, als Gegensatz, als etwas Verwirrendes, ja sogar Beängstigendes wird uns im nächsten Kapitel beschäftigen. Zunächst möchte ich Sie auf eine kleine Reise durch das menschliche Ohr mitnehmen, diesem oft unterschätzten, häufig überforderten und doch so tüchtigen Sinnesorgan.

Das Ohr ist wie eine winzig kleine Werkstatt. Da gibt es eine Trommel, einen Amboss, einen Steigbügel und einen Hammer. Und sie ist rund um die Uhr geöffnet.

Dass dieses komplizierte Gebilde sehr wichtig ist, kann man schon daran erkennen, dass es sich intrauterin so früh entwickelt. Bereits in der achten Woche sind die Ohren beim menschlichen Fötus erkennbar. Ab der 26. Woche kann das ungeborene Kind hören, die Stimme seiner Mutter und ihren Herzschlag zum Beispiel.

Die Ohren selbst sind wie Muscheln geformt und leiten durch einen Trichter die Schallwellen an das Trommelfell und von dort ins Mittelohr. Durch eine komplizierte Weiterleitung erreichen sie das Innenohr mit der Hörschnecke und dem Gleichgewichtssinn. Hier, im Innenohr, geschieht dann etwas Neues: die Verwandlung der mechanischen Reize von Schallwellen in Nervenimpulse. Darüber kommt der Schall in das Hörzentrum des Gehirns, wo er interpretiert wird.

Das Ohr ist ein Warnorgan

Für unsere frühen Vorfahren entschied das Sinnesorgan Ohr bisweilen über Leben und Tod. So legten sie ihr Ohr auf den Erdboden, um auch in der Stille Geräusche zu hören, die damals überlebenswichtig waren. Schallwellen, die durch die geringste Bewegung erzeugt werden, verbreiten sich besser über die Erde als über die Luft. Nähert sich jemand? Wie schnell? Wie viele? Aus welcher Richtung? Auch Tiere, die gejagt werden sollten oder gefährlich waren, wurden so gehört, bevor man sie sah.

Das Hören diente den Menschen also ganz essenziell bei der Bewältigung der größten Herausforderungen: der Nahrungsbeschaffung und dem Überleben in Gefahrensituationen. So nimmt es nicht wunder, dass das Gehör der differenzierteste unserer Sinne ist. Das Ohr verarbeitet doppelt so viele Sinneseindrücke wie das Auge. Seine Bedeutung zeigt sich auch daran, dass Menschen es nicht schließen können. Das Ohr wacht auch nachts. Selbst im Schlaf können wir hören. Zwar kann es geschehen, dass Geräusche während einer Tiefschlafphase ignoriert oder in den Traum eingebaut werden. Aber ab einer bestimmten Dauer und Stärke der Geräusche wachen wir auf.

Mögliche Gefahren für uns selbst oder den Hilferuf eines Menschen meldet das Ohr an das Gehirn, bis wir aufwachen.

Das Ohr ist ein Sozialorgan

Menschen sind zutiefst soziale Wesen, die einander für das Überleben und für ein geglücktes Leben brauchen. Nur durch gegenseitige, gemeinschaftliche Sorge gedeiht das Leben. Auch das hat viel mit dem Ohr, mit dem Hören zu tun, das schließlich eine unserer zentralen Verbindungen zu anderen Menschen und zur Umwelt bietet.

Dabei hat das Gehör von Männern und Frauen offenbar unterschiedliche Qualitäten. Viele Mütter werden bestätigen, dass sie vom leisesten Wimmern des Kindes sofort aufwachen und sich kümmern können, während der männliche Partner ruhig weiterschläft. In einer Studie der britischen Firma Mindlab wurde festgestellt, dass Frauen beim Weinen eines Babys sofort aufschrecken. Beim Mann liegt das Babyweinen nur auf Rang 15 der Dinge, die ihn um den Schlaf bringen. Eine Autoalarmanlage, starker Wind und selbst eine summende Fliege wecken Männer eher als das weinende Kind. Den Untersuchungsteilnehmern wurden im Schlaflabor diese unterschiedlichen Geräusche eingespielt und die Hirnströme gemessen.

Der Gehörsinn von Frauen ist aber nicht nur in dieser sehr spezifischen Situation feiner, sondern Frauen hören überhaupt besser als Männer. Wussten Sie, dass Frauen in dem für das Sprachverständnis wichtigen Frequenzbereich von 500 bis 3000 Hertz besser hören als Männer? Und dass sich das Hörvermögen der Frauen zwischen 30 und 50 Jahren deutlich langsamer verschlechtert als das der Männer? Diese Ergebnisse wurde schon 1993 in den USA vorgestellt und in der Folge mehrfach bestätigt. Als möglicher Grund für diesen Unterschied gelten weibliche Hormone, die die Nervenrezeptoren im Ohr der Frau schützen. Aber auch die unterschiedlichen Lebens- und Arbeitsweisen von Männern und Frauen werden als Ursache diskutiert. So arbeiten fast nur Männer an lauten Baustellen, und Männer benutzen häufiger lärmende Geräte.

Männer können dagegen besser als Frauen an bestimmten akustischen Merkmalen von Rufen und gesprochenen Worten erkennen, wie groß gewachsen der Sprechende ist. Zu diesen Ergebnissen kam eine Forschergruppe an der britischen University of Sussex. Sie vermuten, dass diese Fähigkeit Männern half, potenzielle Gegner richtig einzuschätzen und damit sich und ihre Sippe besser zu schützen.

»Wer am lautesten schreit, wird am meisten wahrgenommen«, las ich kürzlich in einer Tageszeitung. Es ging dabei um eine Zustandsbeschreibung der medialen, der politischen Sphäre. Doch ob in der Politik, in den Medien oder in der Familie: Aus meiner Sicht und Erfahrung läuft in der Kommunikation etwas schief, wenn geschrien wird, um wahrgenommen zu werden. Denn jene, die schreien, sprechen ja nicht zu Schwerhörigen. Oder doch?

Wenn ich einen anderen Menschen anspreche, erwarte ich, dass er zuhört. Sonst läuft Sprache ins Nichts. Sie kennen das sicher auch: Wenig kann mehr ärgern, ja wütend machen, als wenn unser Gegenüber nicht zuhört. Und um gehört zu werden, wird die oder der Ungehörte immer lauter. Die Spirale der Fehlkommunikation ist angelaufen.

Nicht wenige meiner Patientinnen haben dies bereits in ihrer Kindheit erlebt. »Nicht gehört werden« ist vor allem dann schmerzhaft und prägend für das weitere Leben, wenn es Eltern, Lehrer oder andere enge Bezugspersonen waren, die nicht zuhörten. Sich Gehör zu verschaffen ist ein mühevoller Weg. Er kann bei der Auseinandersetzung mit dem eigenen Zuhören beginnen. Denn das Zuhören haben wir selbst in der Hand.

Durch Zuhören erfahren wir die Motive und Beweggründe, die Gedanken des Gesprächspartners. Durch Zuhören erfahren wir, wie es um den anderen steht. Ich höre etwas vom Gegenüber, das mich berühren kann. Durch Zuhören erfahre ich möglicherweise aber auch etwas über mich selbst, das mir bislang noch nicht bewusst war.

Gutes Zuhören ist möglich, wenn die Zuhörende selbst still ist. Die gute Zuhörerin kann warten. Sie gibt durch ihre eigene Stille dem Gegenüber die Möglichkeit, in Ruhe nachzudenken und Gedanken und Gefühle in Worte zu fassen.

Auch die Zuhörerin selbst kann ihrem Inneren in der Stille besser zuhören. Auch ihre eigenen Gedanken und Gefühle sprechen in der Stille deutlicher. Dieses doppelte Zuhören – ich höre in der Stille mir selbst und dem anderen Menschen zu – macht Hören zur Königin des sozialen Miteinanders. So sagte schon die mittelalterliche Äbtissin Hildegard von Bingen: »Durch das Hören des Ohres wird das Innere des Menschen erschüttert.«

Das Ohr ist empfindlich

Sicher haben Sie als Kind schon einmal Ihr Ohr an eine große Muschel gelegt. Es muss still sein um Sie herum. Dann wartet eine Überraschung auf Sie.

Jede Bewegung, auch der leiseste Windhauch, erzeugt eine Schallwelle. Nur in künstlich gedämmten Räumen gibt es keine Schallwellen. Und auch im Weltall ist es still. Im Alltag hingegen gibt es immer etwas zu hören. Unsere Ohren lieben die Herausforderung durch Geräusche – aber in Maßen. Denn zu viele und zu laute Geräusche schädigen das Gehör frühzeitig und unumkehrbar. Das Gehör reagiert auf permanente Schädigung ausgesprochen nachtragend. So hat die

Zahl schwerhöriger Kinder und Jugendlicher deutlich zugenommen. Zu laute Musik bei Clubbesuchen, Konzerten und über Kopfhörer schädigen das Gehör. Auch die ältere Generation ist in hohem Maße betroffen. Für eine Studie der Fördergemeinschaft »Gutes Hören« (FGH) wurde bei 23 264 Passanten in Deutschland das Gehör getestet. Neun Prozent der Jugendlichen bis zwanzig Jahre litten unter leichten Hörminderungen. In der Gruppe der 41- bis 60-Jährigen hatte mehr als die Hälfte eine Hörschwäche. In der Altersgruppe der über 60-Jährigen hörten lediglich 15 Prozent gut. In dieser Altersgruppe fällt erneut der Unterschied zwischen Frauen und Männern auf. Es gibt mehr Frauen (17%) mit gutem Hörvermögen als Männer (11%). Neben dem Hörverlust aufgrund der natürlichen Alterung ist und bleibt Lärm der Hauptverursacher der Schäden. Ein Schallpegel von 200 Dezibel ist für Menschen tödlich. Zum Vergleich: Ein lautes Konzert erreicht locker 120 Dezibel.

Auch für Tiere kann Lärm schädigend und sogar tödlich sein. Ein Freund, der beruflich mit der Sache zu tun hatte, erzählte mir von gestrandeten Tümmlern in der Nordsee, die nahe der Baustelle eines Windparks gesichtet wurden. Als die Masten für die Windräder in den Meeresboden gehämmert wurden, flohen die Tiere panikartig. Die verendeten Tiere wurden später gefunden. Aus ihren Ohren floss Blut. Im Wasser wird der Schall viel besser geleitet als in der Luft. Trommelfell und Gleichgewichtsorgan der Tiere waren schwer beschädigt. Sie hatten dadurch ihre Fähigkeit zu Orientierung und Kommunikation verloren.

*

*

*

Kann dieser Bericht nicht wie ein Bild zu uns sprechen?

Diese fehlende Achtsamkeit im Umgang mit Tieren spiegelt die fehlende Achtsamkeit uns selbst gegenüber wider. Auch wir verlieren Orientierung und Kommunikationsfähigkeit durch Überlastung unserer Sinne. In den Tiefen der Stille aber gewinnen wir wieder Orientierung und soziale Verbundenheit.

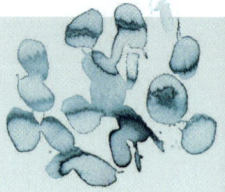

Petra F.

HEILSAME MOMENTE
DER STILLE

Vor einigen Jahren war ich im Lärm meines Lebens verloren gegangen. Auch wenn ich das damals noch nicht wusste. Ich war nicht mehr da. Konnte mich selbst nicht mehr finden.

Die Menschen um mich herum konnten mich nicht mehr erreichen. Obwohl sie da waren, war ich ganz allein. In mir herrschten nur noch Angst und Panik.

Mit Hilfe der Therapeutin begab ich mich dann auf den langen Weg hin zu mir selbst. Um mich selber finden zu können, musste ich den Lärm verlassen. Die Stille zulassen. Das bedeutete: völliger Rückzug. Unterbrechen der Arbeit, Unterbrechen der Kontakte zu Familienmitgliedern, auch zu Freunden. Über Monate.

Zwar wird in der Therapie viel gesprochen, dennoch war die Zeit dort auch eine der Stille. Allein der Weg in die Praxis: Es war ein schöner, ein gewundener Weg, durch den Wald, die Gärten, die Natur. Mit jedem Schritt kam ich dort an, wo ich sein wollte.

Das Therapiezimmer war für mich ein Raum der Stille. Wir haben sehr viel geredet dort, über eine lange Zeit, aber dennoch bedeutete er Stille. Hier gab es keine Störungen. Kein Telefon, keine anderen Menschen, keine Ablenkung. Nur ich war wichtig. Alles andere ausgeschlossen.

Zum ersten Mal erlebte ich ein echtes, ein zugewandtes Zuhören. Eines, das nur in dieser Art der Stille gelingt. In den Momenten, in denen weder die Therapeutin noch ich gesprochen haben, in diesen sonst so seltenen Gesprächspausen, konnte ich mich wieder wahrnehmen, mich wiederfinden. In dieser Stille, in der ich nicht allein war, traute ich mich, mein inneres Selbst anzusehen. Ich konnte hinschauen und Dinge über mich erfahren, die ich vorher nicht wusste.

Ich nenne es eine begleitete Stille. Nicht sprechen, trotzdem eine »Zuhörerin« haben, da sein, wahrnehmen, keine Angst haben, sich gehalten und getragen fühlen. Diese besonderen Momente der Stille bewirkten, dass ich mich selbst wiederfand.

Es gibt sie sonst im Leben nicht.

Kapitel 3

STILLE FORDERT
UNS HERAUS

Ende Januar 2019 war es vor der Haustür meiner Freundin plötzlich kälter als am Südpol. Eine Eiseskälte hatte Teile Nordamerikas überfallen. Besonders heftig traf die arktische Luft den Mittleren Westen der USA. Es wurden Temperaturen bis minus 45 Grad Celsius gemessen. Der amerikanische Wetterdienst sprach von »lebensbedrohlichen« Auswirkungen. Binnen Minuten drohten im Freien Erfrierungen der ungeschützten Haut. Schulen und viele Universitäten blieben geschlossen. Tausende Flüge fielen aus. Es wurde keine Post ausgeliefert, und die Regionalzüge blieben stehen. Der Katastrophenfall wurde ausgerufen. Es gab viele Todesfälle, auch unter jungen Menschen, die die Situation unterschätzt hatten.

Meine Freundin Emma wohnt alleine in einem Vorort von Chicago in einem hübschen kleinen Haus. Zwischen den Häusern sind keine Zäune. Alles wirkt offen und auch in der kalten Jahreszeit heiter, weil die Bewohner ihre Häuser und Gärten liebevoll winterlich schmücken. Emma arbeitet dort als Grafikdesignerin. Von ihrem Homeoffice aus kann sie auf die Straße schauen, die immer belebt ist. Jogger laufen vorbei, Hunde werden ausgeführt, die Nachbarn kennen sich und quatschen kurz, wenn sie sich begegnen. Eine Schule, ein Fitnessstudio, ein Café begründen hier ein buntes Treiben, das Emma sehr liebt.

Als die Kältewelle hereinbrach, telefonierten wir des Öfteren. Mit ihrem Einsetzen hatte Emma sich, wie es angeraten wurde, mit Lebensmitteln versorgt. Ich war beruhigt. Doch von Gespräch zu Gespräch klang ihr Bericht gespenstischer. Anfangs sah sie noch ein paar Autos auf der Straße, aber schon keine Menschen mehr. Dann kam die Post nicht mehr. Schule, Studio und Café hatten natürlich längst geschlossen. Alles war tief verschneit. Dem Auge bot sich eine majestätische weiße Pracht. Der Schnee im kleinen Garten hinter Emmas Haus war unberührt und nicht übersät mit den Spuren von Waschbären und Eichhörnchen, die in den Vororten amerikanischer Städte sonst auch im Winter aktive Mitbewohner sind. Das Fehlen der Spuren beunruhigte Emma. Wo waren die Tiere geblieben?

Eine nie gekannte Stille breitete sich aus und legte sich über alles. Meine Freundin empfand diese Ruhe von Tag zu Tag als unangenehmer. »Es ist, als läge eine gigantische schwere weiße Decke über uns. Noch leben wir darunter, versteckt in unseren Häusern«, sagte sie.

Natürlich hatte Emma per Telefon und Internet Kontakt mit ihren Nachbarn und Freunden. Doch aus Angst vor Erfrierungen und davor, dass die Autos versagen könnten, fielen alle Besuche aus. Stundenlang verfolgte Emma die lokalen Nachrichten im TV, und es fiel ihr zunehmend schwer, an ihren Layouts weiterzuarbeiten. »Die Stille ist bedrohlich. Vor allem nachts. Da fühl ich mich echt von allem verlassen. Kein Laut zu hören. Auch der Tag scheint mir unendlich langsam vorbeizugehen. Es gibt nichts zu sehen und zu hören draußen«, erzählte sie mir.

»Was hat dir damals eigentlich am meisten geholfen?«, fragte ich sie kürzlich noch mal. »Du wirst vielleicht lachen, aber mir fiel auf, dass ich mit mir selbst redete und mir Mut zusprach. So wie: ›Das wird vorübergehen. Alle trifft es. Ich bin nicht wirklich alleine.‹ Und natürlich halfen auch die Telefonate mit meinen Freunden«, meinte sie da.

Als dann ebenso heftig und schnell das Tauwetter einsetzte, kam das große Aufatmen: Geschafft!

So eine Stille erzeugende Naturgewalt ist ein Jahrhundertereignis und findet große mediale Beachtung. Fantastische Bilder und Berichte gingen um die ganze Welt. Diese mächtige Stille – das große Andere – mitten im Zentrum der modernen Welt!

Eine Katastrophe wie diese stellt Menschen immer vor extreme Herausforderungen. Die Logistik für die Bewältigung und die dazu nötigen Arbeiten erfordern einen Kräfteeinsatz, der beeindruckt.

Emma erzählte mir, dass manche mutige Anwohner durch die Straßen patrouillierten, um hilflosen Nachbarn zur Seite zu stehen.

Aber auch die Menschen, die in ihren Häusern ausharrten, mussten Außergewöhnliches leisten. Denn sie sind in ihrem eigenen Haus dieser fremden, großen Stille begegnet und mussten mit ihr zurechtkommen.

Emma meinte, dass sie nie zuvor in ihrem Leben so viel und intensiv in sich selbst hineinhörte wie in dieser Zeit. Sie beschreibt sich selbst als eher ängstlichen Menschen. Sie vermeidet die Benutzung von Aufzügen, Fahrten durch Tunnel und Unterführungen, wenn es möglich ist. Und nun war sie im eigenen Haus mit ihrer Angst vor dem Eingeschlossensein konfrontiert. Rückblickend jedoch war es erhebend, wie viel Kraft sie dennoch in sich fand und wie gut sie sich immer wieder selbst Mut zusprechen konnte.

Ist es nicht schön und zutiefst beruhigend, dass unsere Seelensprache – so nenne ich den inneren Dialog mit uns selbst – immer da ist? Jeden Tag und jede Nacht. So zuverlässig wie unser Herzschlag und unsere Atmung. Im Alltagsleben und im Katastrophenfall. Die Stärke liegt innen, nicht außen.

Dazu ein weiteres, viel alltäglicheres Beispiel.

»Ich will Ruhe und Entspannung.« Mit diesen Worten beschrieb meine Klientin Greta ihre augenblickliche Situation. Ich hatte sie zu ihren Wünschen befragt. Andauernde Müdigkeit und Gereiztheit, Schlafstörungen und der zunehmende Wunsch, sich sozial zurückzuziehen, hatten sie zu mir geführt. Die junge Anwältin steht beispielhaft für viele Frauen, die täglich einen Mangel an Zeit für sich selbst spüren. Die sich wenig echte Freizeit gönnen. Die pausenlos erreichbar und damit verfügbar sind. Denen es schwerfällt, das Smartphone zu ignorieren, wenn es in der Handtasche klingelt und brummt. Die ihr Telefon niemals ausschalten. Sehr oft höre ich den Wunsch, »nur Zeit für mich zu haben, keine Telefonate, keine Termine. Ich brauche einfach mal eine Auszeit«. Wie das Wort Auszeit sagt, soll in dieser Zeit etwas *nicht* sein. Also keine Hektik, keine ständige Verfügbarkeit, kein Lärm.

Viele berufstätige Frauen und Mütter erleben die durch die digitalen Kommunikationsmedien noch mal stärker aufgeweichte Grenze zwischen Arbeit und Freizeit als Belastung. Ganz gleich, ob eine Frau außerhalb ihrer Wohnung berufstätig ist oder ob sie zu Hause als Selbstständige, Angestellte oder Vollzeitmutter arbeitet – die permanente digitale Erreichbarkeit wird als stressig erlebt.

Mir selbst half folgende Erkenntnis: Ständig erreichbar zu sein heißt auch, ständig verantwortlich zu sein. Ob das nun bedeutet, dass am Abend noch wichtige Mails aus dem Büro eintreffen und beantwortet werden, die Schul- und Freizeitaktivitäten der Kinder koordiniert oder auch am Wochenende Arbeitstermine abgesprochen werden müssen. Unser ständiger Begleiter, das Smartphone, zwingt uns in eine ständige Verfügbarkeit. Auch moderne Vollzeitmütter bleiben da nicht verschont. Schon am Vormittag läuft neben Hausarbeit, Einkaufen und Kochen ein umfangreiches privates Informations- und Kommunikationsprogramm. Es gibt Nachrichten anderer Eltern über geplante Kita- oder Schulevents. Die Großeltern, die übrigens auch selbst voll in ein digitales Netzwerk eingebunden sind, melden sich per Facebook, Mail oder Messengerdienst. Handwerker rufen an, Aufgabenverteilungen wollen besprochen sein. Und dann kommt der Nachwuchs nach Hause.

Wie anders war da das Leben meiner Mutter. Sie erzählte mir einmal, wie sie die Vormittage schätzte, wenn die fünf Kinder in der Schule waren. Nachdem sie den Frühstückstisch abgeräumt hatte, schaltete sie das Radio aus, setzte sich an den Tisch oder im Sommer in den Garten und las »bei einer guten Tasse Tee« die Tageszeitung. Erst danach begann sie mit ihrer Arbeit. Diese Momente der Stille im

Haus habe sie jeden Tag genossen, erzählte sie mir lächelnd. Keine Anrufe, kein Texten, keine Mails. Kommt Ihnen diese kleine Geschichte auch vor wie aus lang vergangenen Zeiten?

Doch zurück ins Heute. Wohin kann ich mich zurückziehen, wenn ich Rastlosigkeit und Stress entkommen will? Nach meiner Erfahrung denken und handeln viele Frauen auch bei der Suche eines geeigneten Ortes pragmatisch. Trotz der Fülle an Angeboten von Wohlfühlpaketen in Hotels und anderen, noch weiter spezialisierten Rückzugsorten gehen viele den naheliegenden Weg. Sie verordnen sich ihre erste Auszeit zu Hause.

So auch Greta. Schauen wir uns an, was sie darüber berichtete:

Es gab im Vorfeld einiges zu organisieren, aber dann hatte es geklappt. Sie hatte sich endlich für ein Wochenende fern aller sozialen Verpflichtungen eingenistet. Die anderen Haushaltsmitglieder waren verreist. Was geschah nun – in ihr?

Sie registrierte: Mann und Kind waren tatsächlich weg. Das Zuhause gehörte ihr, ganz allein. Zunächst ein Aufatmen. Schnell noch ein paar Routinearbeiten erledigen. Und dann tun, was sie will. So der Plan.

Doch was war das eigentlich? Sie wollte sich mal das Buch vornehmen, das ihre Freundin ihr geschenkt hat und schon seit drei Monaten da auf dem Tisch lag. Dann ganz gemütlich etwas essen.

Das Handy war ausgeschaltet. Es sollte ja mal echt Ruhe sein.

Spätestens nach zwei Stunden schaute sie nach, ob vielleicht doch Nachrichten eingetroffen waren. Was, nichts? Vielleicht war etwas passiert. Sie rief an.

Oh, sein Telefon war ausgeschaltet.

Na ja. Sie war es ja, die mal ihre Ruhe haben wollte. Sie schaltete ihr Telefon auch wieder aus. Nach weiteren zwei Stunden: Irgendwie hatte sie kein gutes Gefühl. Gar nichts zu hören …

Sie schaltete das Handy wieder ein. Keine Nachricht von ihm. Dafür zwölf andere! Werbemails, eine von der Arbeit, der Rest eine Diskussion aus einem Gruppenchat für den runden Geburtstag nächstes Wochenende. Sollte sie da jetzt kurz antworten?

Und so kann das weitergehen.

Wir spüren mehr, als dass wir es uns bewusst eingestehen, dass sich die Stille gar nicht besonders gut anfühlt. Irgendwie angestrengt. Unsicher. Und allein.

Auch im Bett blieb Greta die Unruhe. Sie schlief nicht gut.

Als das stille Wochenende rum war, rief ihre innere Stimme erleichtert: Geschafft!

Das Wort »geschafft« verbindet die Naturgewalt in Chicago mit dem Rückzug aus dem Alltag. Die Frauen in beiden Geschichten wurden letztlich von der Stille überrascht. Beide fühlten sich alleine. Beide versuchten, sich tagsüber abzulenken. Beide schliefen nachts nicht gut. Beide entdeckten, wie wichtig Gemeinschaft, Freunde und Familie für ihr Wohlbefinden sind.

Doch es gibt einen bedeutsamen Unterschied. Emma in Chicago hatte in der Stille eine Entdeckung gemacht, die Greta wohl unbewusst ablehnte. Greta wollte »Ruhe und Entspannung«. Das war ihr Ziel. Ein tieferes In-sich-Hineinhören war nicht vorgesehen. Wozu auch? Sie brauchte doch Ruhe! Dass sich dann in dieser Stille die Ruhe nicht so recht einstellen wollte, blieb ihr ein Rätsel.

Auch an dieser Stelle zeigt sich mir die Widersprüchlichkeit, die Faszination, das Geheimnis der Stille. Denn: Stille ist nicht gleich Entspannung.

Begleiten wir Anna, Lehrerin und 32 Jahre alt, auf ihrem Weg zu mehr Stille.

Wir befinden uns in einem Zentrum für Stille und Meditation. Positiv gespannt, aber doch auch mit einem etwas mulmigen Gefühl tritt Anna die »für alle Interessierten offene Schweigemeditation« an. Sitzen in der Stille für jeweils 20 bis 25 Minuten, gefolgt von einer ebenfalls stillen Geh-Meditation. Maximal erstreckt sich das Angebot über einen Zeitraum von drei Stunden, aber man kann auch kürzer daran teilnehmen, hat Anna gelesen. Das klingt ansprechend, machbar.

In ihrem Fitnessstudio hat Anna seit einiger Zeit die Yogakurse für sich entdeckt. Auf die Entspannungsphase am Ende freut sie sich immer besonders. Auch daher ist sie jetzt ins Zentrum für Stille und Meditation gegangen. Anna hofft, hier etwas zu lernen, »um gelassener zu werden, besser abschalten zu können und weg vom ständigen Grübeln und den negativen Gedanken zu kommen«, so formuliert sie es.

Was dann dort geschieht, hat sie mir später so geschildert: »Eigentlich lief anfangs alles gut. Ich war pünktlich vor Ort, mir wurde der Weg zum Meditationsraum gezeigt und das Vorgehen erklärt. Wir waren eine kleine Gruppe von acht Frauen, dazu ein männlicher Teilnehmer und der Meditationslehrer. Ich nahm auf einem der Kissen am Boden Platz. Dann fing die erste Schweigerunde an. Schon bald spürte ich, dass ich unbequem saß. Vielleicht verkrampft? Ich veränderte unmerklich, damit ich die anderen nicht störte, meine Sitzposition. Die Stille war anders, als ich sie von der Yogaentspannung kannte. Vielleicht weil ich saß und nicht lag? Ich spürte, wie mein Herz schneller klopfte. Unangenehm. Ich begann zu schwitzen. In meinem Kopf purzelten die Gedanken. Ich dachte, wie lange dauert das wohl noch? Mein Körper spielte immer verrückter. Bei der anschließenden Geh-Meditation beruhigte ich mich wieder etwas. ›Es kann doch nicht wahr sein, dass ich das nicht schaffe‹, dachte ich. Doch beim zweiten Mal Sitzen in Stille wurde es noch schlimmer. Das Geschrei in mir war schrecklich.«

In ihrem inneren Geschrei fielen Sätze wie: »Das ist doch alles Quatsch hier.« »Alles in meinem Leben ist sinnlos.« »Ich bin eine gigantische Versagerin.« »Ich will abhauen und alles hinwerfen.«

Irritiert und ziemlich verstört brach sie die Schweigemeditation ab. Zu Hause dachte sie noch über das Erlebte nach. Sie schämte sich dafür, berichtete sie mir. Was war geschehen?

Im Gespräch konnte ich Anna zunächst versichern, dass ich ihre Gefühle gut verstehe. Die fremde Umgebung, das ungewohnte Schweigen in einer Gruppe mit unbekannten Menschen, ihre innere Anspannung und Erwartungshaltung. Dazu die unangenehmen Körperempfindungen und starken Gefühle.

Wir sprachen nun über diese Gefühle, über ihre Erwartungshaltung und das Gefühl, versagt zu haben. Und über das Geschrei in ihr. Wir arbeiteten uns vorsichtig an die Inhalte des inneren Dialogs heran. Ich ermunterte Anna, diese plötzlich laut hervorgetretenen Gedanken und Emotionen hier in der geschützten Situation sprechen zu lassen. Sie zu hören und auszufragen, was sie denn eigentlich zu sagen hätten. Es war schön und berührend für mich, zu erleben, wie Anna sich dabei immer mehr selbst zu vertrauen begann. Wie sie das, was sie zunächst eher herabsetzend als »inneres Geschrei« bezeichnet hatte, als etwas Wegweisendes zulassen konnte. Nämlich als ihre eigene, unbestechliche Seelensprache. Eine Sprache, die, gerade weil sie helfen möchte, auch sehr unangenehm sein kann. Sie kann Gewohntes in Frage stellen. Sie legt den berühmten Finger in die Wunde und weist auf das bislang Verdrängte hin. Die Seelensprache ist mutig und hält uns den Spiegel vor, wenn wir uns selbst belügen. Aber sie zeigt auch, was wir wirklich brauchen, um zufriedener, gelassener und glücklicher zu werden.

In den Folgegesprächen konnten wir das »Geschrei« ordnen und als Seelensprache deuten. Anna ließ sich darauf ein, und ihr Mut wurde belohnt. Zunächst entdeckte sie viel Groll und Ärger in sich. Sie erlebte sich als eine, die sich in ihrem Kollegium oft »unterbuttern« ließ und die Rolle des »Mädchens für alles« übernommen hatte. Ein ähnliches Muster erkannte sie später auch in ihrer Beziehung zu ihrem Freund und zu ihren Eltern. Schmerzhaft war für sie die Erkenntnis, dass sie sich nur dann angenommen und geliebt fühlte, wenn sie etwas geleistet hatte. Dass Schuldgefühle und Selbstvorwürfe (wie:»Ich bin eine Versagerin«) ein Aufbegehren und Abgrenzen bislang verhindert hatten. Auch ihr Schwarz-Weiß-Denken (»Mein Leben ist sinnlos«) diente der Vermeidung nötiger Auseinandersetzungen. Nachdem sie diese Zusammenhänge durchschaut hatte, konnte sie sich immer öfter erleben als das, was sie wirklich ist: eine einfühlsame, engagierte, fröhliche, intelligente und mutige junge Frau.

»Zulassen« und »Selbsterkenntnis«, das sind auch die Schlüsselbegriffe von elf Studien, die an den Universitäten von Virginia und Harvard gemacht wurden. Sie wurden im Jahr 2014 veröffentlicht und machen in der Sozialpsychologie bis heute Schlagzeilen. Vorausgehende Forschungen hatten gezeigt, dass 83 Prozent der Amerikaner sich *nie* entspannen oder nachdenken (»relaxing or thinking«). Lieber beschäftigen sie sich in ihrer Freizeit mit Fernsehen, Filmeschauen, dem Smartphone, Musikhören, sozialen Medien, Sport und Geselligkeit.

Die Forscher wollten nun wissen, wie Menschen es empfinden, wirklich nichts zu tun. Nur den eigenen Gedanken und der Stille zuhören. Die ersten Untersuchungsteilnehmer waren Studierende. In weiteren Experimenten wurden Teilnehmer aus allen Altersstufen (18-77 Jahre alt) und sozialen Schichten gewählt. Die Probanden sollten für eine Viertelstunde ohne Smartphone, ohne Papier und Stifte in einem leeren Raum verbringen. Sie sollten auf einem Stuhl sitzen bleiben und nicht einschlafen. Anschließend wurden sie mittels Fragebögen dazu interviewt, wie sie die Situation empfunden hatten. Das Ergebnis war eindeutig: Der Großteil empfand das Nichtstun und den Umstand, dass sie in der Stille den eigenen Gedanken ausgesetzt waren, als sehr unangenehm.

Nun fragten sich die Forscher, ob die Teilnehmer lieber eine für sie unangenehme Handlung ausführen würden, als einfach still mit sich und den eigenen Gedanken allein zu sein. Um das herauszufinden, installierten die Forscher in dem Versuchsraum eine Vorrichtung, mittels derer sich die Probanden per Knopfdruck einen leichten, aber schmerzhaften Stromschlag versetzen konnten. Bemerkenswert ist, dass in diese Stromschlagstudie nur Teilnehmer aufgenommen wurden, die zuvor gesagt hatten, dass sie lieber Geld zahlen würden als sich selbst einen leichten elektrischen Schlag zu versetzen. Wiederholt wurde ihnen erklärt, dass es in der Studie darum ginge, sich mit den eigenen Gedanken zu beschäftigen. Ob sie den Stromstoß anwenden würden, sei ihnen vollkommen selbst überlassen.

Hier das Ergebnis: Zwei Drittel der Männer und ein Viertel der Frauen fügten sich in den 15 Minuten der Abgeschiedenheit selbst Schmerzen zu.

Warum Frauen dies seltener taten, wirft Fragen auf. Die Forscher erklärten die Geschlechterdifferenz ganz lapidar damit, dass Männer eine stärkere Tendenz zum *sensation seeking* haben, also dazu, Neues auszuprobieren und Herausforderungen zu suchen.

Das ist möglich. Faktum ist jedenfalls, dass die Frauen, die an diesem Experiment teilnahmen, besser mit der Situation zurechtkamen als die Männer. Dennoch irritiert, dass viele Teilnehmer sich offenbar lieber körperlichen Schmerz zufügten, als eine Viertelstunde in Stille mit ihren Gedanken alleine zu sein. Selbstzugefügter Schmerz als Ersatz für die gewohnte Ablenkung. Hart, oder? Wie kann das sein?

Entspannung, Meditation, Auszeiten im Kloster, Waldbaden, Achtsamkeit liegen doch voll im Trend. All das wird doch gesucht und oft sogar teuer bezahlt?

Katja Sterzenbach

DENN IM AUGENBLICK
LIEGT DAS LEBEN

Meine Sehnsucht nach Stille und Rückzug begleitet mich seit meiner Jugend. Ich bin 16 Jahre, als ich einen Mann treffe, der mir von Meditation, Stille und innerem Frieden erzählt. Mein Geist versteht zwar nur einen Bruchteil davon, in meinem Herzen jedoch fühlen sich seine Worte warm und richtig an. Und so wächst im Laufe der Jahre die Neugierde auf eine Welt jenseits des Materialismus.

16 weitere Jahre vergehen, dann ist es endlich soweit. Das erste Mal Südasien und direkt ins Epizentrum der Yogis. Ich fliege nach Indien, lasse mich an der Vivekananda-Universität in der Nähe von Bangalore zur Yogalehrerin ausbilden und lerne, dass es weit über körperliche Flexibilität hinausgeht, eine Yogini zu sein. Vielmehr geht es darum, Körper und Geist in Einklang zu bringen. Übersetzt heißt das für mich, mir dessen bewusst zu sein, was mich in meinem Leben erfüllt, was mich glücklich macht und dass wir ein Teil von Mutter Erde sind.

Zu jener Zeit ist es für mich noch unvorstellbar, auch nur fünf Minuten in der Lotusposition zu sitzen und in Meditation zu verweilen. Ich habe lediglich das klare Gefühl: Ich will mehr davon! Ein Jahr später fliege ich wieder nach Indien. Dieses Mal wirklich raus aus der »normalen« Welt. Zehn Tage Stille. Zehn Tage lang elf Stunden täglich sitzen und nur den Atem beobachten. Wow! Was für eine Reise zu mir selbst.

Die Sprache meines Körpers zu lernen, meinen Geist und meine konditionierten Gedanken zu erkennen, zu verstehen und diese zu ändern – sprich meine Bewusstheit stetig zu erhöhen –, das ist es, was mich in die Stille zieht. Ein Beispiel: Vor dem Essen stelle ich mir die Frage, was mein System jetzt gerade braucht, um genügend Energie zur Verfügung zu haben. Das bedeutet, ich presse mich selbst in kein System und sage, ich bin Veganerin oder Vegetarierin. Ich esse das, was mein Körper gerade verlangt.

Es gibt keine To-do-Listen oder Anrufe, sondern nur mich – meinen Körper und meine Gedanken. Alles was ich tue, tue ich aus der Rolle der Beobachterin. Es gilt nur das Atmen zu beobachten ... und meine Gedanken, wie sie kommen und gehen. Die Kunst ist es, sie ziehen zu lassen. Nicht anzuhaften und darin zu baden, sondern einfach nur zu beobachten, was da alles hochkommt. Natürlich ist es ziemlich herausfordernd, das auszuhalten. Schließlich habe ich das nie gelernt, weder in der Schule, noch während des Studiums. Doch im Vergleich zu meiner Erfahrung, die ich drei Jahre später machen werde, ist es ein Kinderspiel. Diese zehn Tage sind erst der Beginn meiner Reise, einer Reise nach Innen, ins Hier und Jetzt und zu mir selbst.

Drei Jahre später, während meines dritten zehntägigen Schweige-Retreats ist meine Sehnsucht dann stärker als je zuvor. Ich möchte noch tiefer eintauchen. Ich möchte wirklich alles loslassen und erfahren, wie es ist, komplett frei zu sein. Raum und Zeit existierten nicht, heißt es so schön. Genau das möchte ich erfahren. So entscheide ich mich für ein Schweige-Retreat, das zwei stille Monate dauern soll. Komplett offline, abgeschnitten von der Außenwelt, sitze ich über Weihnachten und Silvester 18 Stunden täglich meditierend mitten in Myanmar in einem burmesischen Waldkloster. Endlich habe ich den Mut gefunden! Endlich darf ich erfahren, wovon die alten Weisen der östlichen Philosophie sprechen! Endlich darf ich leben wie die Mönche und Nonnen, die ich jahrelang um ihr Leben beneidet, die ich bewundert habe!

Doch meine Euphorie bricht schon in den ersten Tagen wie ein Kartenhaus zusammen. Erwartet habe ich ein »Happy Silence Retreat« – und schon jetzt beginne ich zu schwimmen in diesem unüberwindbaren Meer von Zeit. ›Warum, um alles in der Welt, habe ich mir das bloß eingebrockt?‹, frage ich mich.

Mein innerer Dialog gleicht einem Ping-Pong-Spiel. Ich verspüre alles andere als die heitere Gelassenheit, die ja immer das Ziel der Meditation sein soll. Ich male mir einen Kalender. Tag 3 von 62! So unendlich viel Zeit noch! Und nichts zu tun! Ich bin nur hier mit mir und dem Heben und Senken meiner Bauchdecke!

Rückblickend kann ich sagen, dass ich es in diesen zwei Monaten tatsächlich geschafft habe, mich loszulösen von Zeit und Raum. Mehrmals habe ich meine Entscheidung angezweifelt, doch letztendlich habe ich begriffen, dass sich die Quälerei nur in meinem Kopf abspielt. Wenn ich sage, ich habe es begriffen, meine ich, ich habe es verstanden mit all meinen Zellen – losgelöst von meinem Verstand. Dieses tiefe Wissen trage ich seitdem in mir. Ich erfahre es jeden Moment aufs Neue, teste es immer wieder aus und werde auch immer wieder geprüft, ob ich es wirklich verkörpere. Für mich ein Prozess, der mich hungrig macht auf jeden Augenblick im Leben, darauf, ihn auszukosten. Mich fallen zu lassen, im Vertrauen darauf, dass das Leben uns Menschen wohlgesonnen ist. Sich in Geduld zu üben, auch wenn das nicht immer leicht erscheint, und immer und immer wieder dankbar für dieses Leben zu sein. Mir bewusst machen, dass es im Jetzt stattfindet. In diesem gegenwärtigen Moment, der so offen und frei ist. Und wie er sich anfühlt und mich erfüllt, hängt vor allem von meiner Betrachtungsweise ab, davon, wie ich ihn bewerte. Und auch wenn ich es schaffe, für einen Moment im Fluss des Vertrauens zu baden, bedeutet das leider nicht, dass das auf immer und ewig so bleibt. Nein. Genau das ist die Übung. Und genau darum geht es für mich im Leben. Mir bewusst zu sein, dass ich bin. Losgelöst von Rollen, die ich mir zuschreibe, To-dos, die ich mir auferlege, oder Erwartungen, denen ich meine, entsprechen zu müssen, oder von denen andere Menschen meinen, ich müsste ihnen entsprechen.

Letztendlich habe ich das gefunden, wonach ich mich so lang gesehnt habe – die Stille in mir. Der Weg dorthin? Raus aus dem Kopf, aus dem linearen Denken – das heißt mehr Phantasie und Kreativität zulassen – und rein ins Herz, ins Vertrauen und somit in die eigene Essenz.

Wer weiß, vielleicht gleicht unser Leben dem eines Schmetterlings? Die Metamorphose vom Ei über die Raupe bis hin zu einem wunderschönen Schmetterling durchlaufen wir Menschen ebenso. Nur dass dies bei uns Menschen ein geistiger Prozess ist und es darum geht, sich seiner selbst bewusst zu werden. Vielleicht sind wir nur zu laut und zu beschäftigt, um das zu erkennen, zu verstehen?

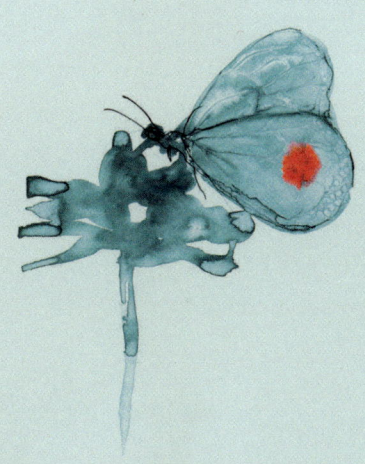

Kapitel 4

~~~~~~~~~~~~~~~~~~~~~~

STILLE
IM TREND

»Was bedeutet Stille für Sie?«, fragte ich. Es waren »Ruhe« und »innere Ruhe«, die mit großem Abstand an erster Stelle der Antworten standen. Um sie zu finden, gibt es eine Menge Möglichkeiten, die vor allem von Frauen rege in Anspruch genommen werden. Stille und innere Einkehr sind als Gegenpol zu Lärm und Hektik des Alltags geradezu ein Trend geworden. Allerdings keinem, der ebenso hektisch und vorübergehend aufpoppt, um schon bald einem neuen Platz zu machen. Sondern einem, der sich schon seit Jahrzehnten zeigt und langfristig verfestigt.

Frauen meditieren, sie üben sich in Achtsamkeit, sie schweigen, sie suchen ruhige Orte auf, sie suchen sich Hobbys wie Gärtnern oder das Ausmalen von Mandalas, die in Stille ausgeübt werden. Wie wir aus unserer Alltagsbeobachtung – wohl in jedem Yogakurs überwiegen die weiblichen Teilnehmer – und zahlreichen Studien wissen, nehmen Frauen solche heilsamen Angebote generell mehr an. Ein Grund für das stärker ausgeprägte »Hilfesuchverhalten« der Frauen wird in ihrem Körper- und Gesundheitsbewusstsein vermutet. Frauen horchen mehr als ihr männliches Pendant in sich, ihren Körper und ihre Seele hinein. Entsprechend dieser größeren Sensibilität ist für Frauen die Hemmschwelle niedriger, sich selbst einzugestehen, dass ihnen einiges zu viel geworden ist und es so nicht weitergehen sollte. Bei Frauen wird doppelt so häufig die Diagnose einer Angststörung gestellt. In psychischen Belastungssituationen suchen sie eher Hilfe als Männer. Sowohl professionelle Hilfe in Form von Arztbesuchen und Psychotherapie als auch viele unterschiedliche Formen der Selbsthilfe. Frauen übernehmen offenbar eher selbst Verantwortung für die eigene Gesundheit.

Vor Kurzem machte ich in unserer Fußgängerzone eine Beobachtung. Ich kam zufällig an einer jungen Frau vorbei. Sie saß auf einer Rundbank unter einem kleinen Baum. An ihrer aufrechten Körperhaltung und dem Gesichtsausdruck konnte ich erkennen, dass sie nicht schlief. Sie saß aufrecht und dennoch entspannt da. Ihre Hände lagen ineinander gefaltet in ihrem Schoß. Die Augen waren geschlossen. Sie lächelte leicht. Die Sonne fiel gebrochen durch die Baumblätter auf ihr Gesicht. Ihrer Kleidung nach zu schließen, kam sie aus einem der umliegenden Büros und verbrachte hier vielleicht die Mittagspause. Unwillkürlich blieb ich stehen. Was an diesem Bild hatte mich in den Bann gezogen? War es die Haltung der Frau? War es die Stille, die sie ausstrahlte? War es der Kontrast zum Getriebe ringsherum? Überall Menschen. Einige eilten, manche schlenderten, Kinderwagen wurden geschoben. Da und dort Personen, die zusammenstanden und sich unterhielten. Gespräche und gedämpfter Großstadtlärm waren zu hören. Das nahm ich plötzlich ganz bewusst wahr. Wie lange ich so stand und zu ihr hinschaute, kann ich nicht sagen. Als ich selbst aus diesem Moment der Selbstvergessenheit wieder zurückkam, blickte ich mich um. Hatte mich jemand bei meiner ungenierten Betrachtung entdeckt? Doch offenbar nahm niemand Notiz von mir. Auch die junge Frau nicht. Langsam ging ich weiter und drehte mich am Ende der Fußgängerzone noch einmal zu ihr um. Sie saß immer noch so da.

Die Situation hatte mich berührt und an eine der Antworten auf meine Eingangsfrage erinnert: »Stille ist für mich innere Ruhe. Wenn ich die nicht habe, ist es auch egal, ob es um mich herum still oder laut ist.« Die Frau strahlte innere Ruhe aus, friedlich und offenbar ungestört von den Umgebungsgeräuschen. Wie ein weiblicher Buddha unter der fränkischen Version des asiatischen Bobaums. Vermutlich hatte sie mitten in der Fußgängerzone im Sitzen meditiert. Aber was heißt das?

Schon durch die bloße Beobachtung fiel mir auf, dass sie vieles *nicht tat*: Sie schaute nicht nach außen; sie lenkte sich nicht ab; sie benutzte kein Telefon; sie hörte keine Musik; sie las nicht; sie aß nicht; sie trank nicht; sie sprach nicht.

Was machte sie dann eigentlich?

Sie saß da. Sie hörte. Sie hörte vielleicht etwas Schönes, denn sie lächelte. Meine Vermutung ist, dass nicht die Umgebungsgeräusche sie zum Lächeln brachten, sondern das, was sie in ihrem Inneren hörte – und sah.

Einkehr und Innenschau sind wunderbare alte Begriffe für diesen Zustand der Versenkung. Er zeichnet Meditation aus.

Ob Menschen schon meditierten, bevor es schriftliche Aufzeichnungen gab, wissen wir nicht. Es ist zu vermuten. Doch durch schriftliche Belege aus den indischen Veden, den Heiligen Schriften des Hinduismus, können wir sicher sein, dass Menschen schon seit mehr als 3500 Jahren stille Meditation als strukturierte Praxis ausüben.

Welche Hoffnungen und Wünsche wurden und werden mit Meditation verbunden?

»Ich begann zu meditieren, als meine Ehe zerbrach.« »Meditation hilft mir, ein besserer Mensch zu sein.« »Meditation macht mich ruhig und gelassener.« »Wenn ich gestresst bin, meditiere ich.« »Meditation führt mich zum Göttlichen.« »Ich meditiere, um nach der Krankheit wieder Kraft zu bekommen.« »Ich meditiere vor jedem Vortrag.«

Wahrscheinlich gibt es so viele Gründe zu meditieren wie es persönliche Lebenswege und Schicksale gibt.

Nach meiner Erfahrung aus den Gesprächen mit meditierenden Frauen verbindet alle der Wunsch, durch die Meditation zur Ruhe zu kommen. Und viele erhoffen sich dadurch auch, weiter gesteckten

Lebenszielen- und wünschen näherzukommen. Gelassener zu werden, das Wichtige vom Unwichtigen zu unterscheiden, die Scheidung zu überwinden und wieder offen für eine liebevolle Beziehung zu werden. Nach einer depressiven Phase Leichtigkeit und Freude zu finden, eine spirituelle Erfahrung zu machen, den Kindern besser gerecht zu werden.

In diesen Wünschen spiegelt sich der uralte Weg sowohl der spirituellen Traditionen des Ostens in Buddhismus und Hinduismus als auch der christlichen Meditationsformen wider. Ist es nicht erstaunlich, dass Yoga ursprünglich nur zur Verbesserung der körperlichen Verfassung für das Meditieren entwickelt wurde?

Die gemeinsame Wurzel aller spirituellen Meditationsformen ist, dass der meditativ erreichte Ruhezustand als Vorstufe, gleichsam als Eingangspforte für tiefere seelische Erfahrungen angesehen wird. Ein höherer Bewusstseinszustand, ein Zustand der Transzendenz soll von zerstörerischen Denk- und Verhaltensmustern befreien, um den Weg zu mitfühlendem, liebendem Handeln zu bahnen. Diese Meditationsformen werden im angelsächsischen Sprachraum daher auch als *loving kindness meditation* bezeichnet.

»Meditation hilft mir, ein besserer Mensch zu sein«, drückt diese Haltung aus. Auch Andy Puddicombe, der Gründer der Meditations-App Headspace, die mehr als 42 Millionen Menschen zum Meditieren benutzen, sagte Ähnliches über sich in einem Interview. Er sei ein besserer Vater, wenn er nach einem hektischen Tag zehn Minuten meditiere, kurz bevor er nach Hause gehe. Meditation so gelebt dient dem eigenen Zur-Ruhe-kommen *und* einem pro-sozialem Verhalten.

Meditation heilt das Selbst und die Anderen. Oder anders formuliert:

Meditation hilft mir, mich zu beruhigen. Dadurch kann ich mich besser auf andere Menschen konzentrieren, mich ihnen zuwenden.

Aus diesem Grund beginne ich meine Arbeit mit Gruppen, zum Beispiel in der Hospizarbeit, mit Krankenpflegerinnen oder Krebskranken und ihren Angehörigen immer mit einer kurzen, geführten Meditation. Die Teilnehmerinnen sitzen dabei auf ihren Stühlen möglichst aufrecht und nach Möglichkeit nicht angelehnt. Ihre Füße stehen fest auf dem Boden. Die Schultern sind entspannt, »wie die Zweige einer Tanne sacht nach unten geneigt. Unser Kopf ist die Tannenspitze, die wachsen will und zum Himmel strebt«. Die Hände liegen im Schoß. In einem der nächsten Schritte führe ich die Teilnehmerinnen zur bewussten Wahrnehmung des Atems. Das Ein- und Ausatmen kann mit zwei Worten begleitet werden. Zum Beispiel mit: »Ich – fließe.« Im Anschluss an diese circa fünf- bis zehnminütige Meditation bitte ich die Teilnehmerinnen, ihren momentanen Gefühlszustand kurz zu beschreiben. Manche berichten dann, dass ihnen diese Minuten der Stille und der Selbstwahrnehmung geholfen haben, ruhiger zu werden. Manche hatten Schwierigkeiten, sich auf ihren Atem zu konzentrieren. Ihnen fiel auf, dass sich immer irgendwelche Gedanken, Erinnerungen, Sorgen in den Vordergrund schoben und sie nicht an ihren Atem denken ließen. Wieder andere erzählen, dass sie plötzlich ganz deutlich ihren Körper wahrgenommen hätten – den Rücken, den Nacken, das Herz oder aber Wärme oder Kälte. Und manche wollten einfach weiter meditieren. Es ist für mich immer schön zu erleben, wie offen und ernsthaft die Frauen den anderen Gruppenmitgliedern ihre persönlichen Erfahrungen mitteilen. Meine Aufgabe sehe ich dann darin, allen Mut zuzusprechen und ihnen Geduld mitzugeben. Denn selbst wenn das Meditieren nicht so gelingt wie gewünscht, ist es doch so, dass *jede* Teilnehmerin während dieser Minuten ganz bei sich selbst ist. Denn auch der innere Tumult und die unangenehmen Körpergefühle sind Ausdruck des jeweils einzigartigen Eigenen im Hier und Jetzt. Diese Gedanken, Gefühle und Empfindungen zuzulassen und sanft zur Atmung zurückzukommen, das ist der Weg, den wir gemeinsam üben. Auf diese Form der Meditation, die zur Gruppe der Achtsamkeitsmeditationen gehört, gehe ich im letzten Kapitel noch einmal ein.

Wer sich nicht entmutigen lässt, gewinnt. Der bisweilen schwierige Weg zur meditativen Praxis, dieses ständige und geduldige Sich-wieder-besinnen, wird früher oder später reichlich belohnt. Da Körper, Seele und Geist eine funktionale Einheit bilden, können sie sich auch gegenseitig beeinflussen. Durch Meditation und Achtsamkeitsschulung nehmen wir auch Einfluss auf unseren Körper und unseren Geist.

Diese Vorstellung ist für viele Kranke oder von Krankheit bedrohte Menschen tröstlich. Nicht nur gesunde Menschen profitieren von Meditation und Rückzug in die eigene Stille, sondern gerade auch Menschen, die Risikofaktoren für eine Erkrankung oder Schmerzen haben. Mit am häufigsten treten in den westlichen Gesellschaften die Herz-Kreislauf-Erkrankungen auf. Ursachen sind unter anderem psychischer und körperlicher Stress. Frauen erkranken ebenso häufig wie Männer. Der wissenschaftliche Bericht der American Heart Association aus dem Jahr 2017 zum Thema »Risikoreduktion für Herzerkrankungen durch Meditation« kam zu folgenden Befunden:

* Meditation wirkt blutdrucksenkend.

* Meditation hilft bei der Raucherentwöhnung.

* Meditation reduziert Stress und Angstgefühle.

* Meditation baut Hirnstrukturen auf.

Es konnten neurophysiologische und neuroanatomische Langzeiteffekte in der Gehirnstruktur nachgewiesen werden, die mit positiven Gefühlen assoziiert sind. Deshalb empfinden regelmäßig Meditierende häufig eine Verbesserung ihrer Lebensqualität. Sie sind glücklicher und zufriedener.

»Regelmäßig« ist hier allerdings das Schlüsselwort. Die deutlichsten positiven Effekte der Meditation werden durch Regelmäßigkeit erzielt. Es ist so wie mit dem Zähneputzen: Einmal in zwei Wochen genügt nicht.

Wie verbreitet ist Meditation in der Bevölkerung? In einer Online-Umfrage im Jahr 2017 gab mehr als die Hälfte der Befragten an, gelegentlich bis regelmäßig etwas wie Meditation oder innere Einkehr zu praktizieren.

Schon 2009 ergab eine Untersuchung von TNS Infratest, dass rund 20 Prozent der Deutschen sich für Yoga und Meditation interessieren, unter den Frauen war es sogar jede Dritte. Der Hauptgrund zu meditieren war bei beiden Geschlechtern der Wunsch nach Stressreduktion, gefolgt von gesundheitlichen und auch mentalen Vorteilen wie einer verstärkten Ruhe des Geistes, mehr innerer Kraft und einer größeren Konzentrationsfähigkeit.

Jüngst wurden in den USA Ergebnisse einer umfassenden Untersuchung zu der Frage veröffentlicht, warum und von wem Meditation im Alltag praktiziert wird. In die Studie gingen die Aussagen von 32 342 erwachsenen Teilnehmern ein. Insgesamt zehn Prozent der Frauen und fünf Prozent der Männer meditierten. Männer bevorzugten auf Achtsamkeit basierende Meditationsformen, während Frauen Meditation in Verbindung mit Yoga, Tai-Chi oder Qigong durchführten.

In jedem Fall führt uns Meditation tiefer zu uns selbst, zu unserem ganz persönlichen Ruhepunkt. Oder aber auf einen anderen Weg: Denn Meditation als nahe Verwandte der Stille ist ebenso wie diese zwiespältig und vielschichtig. Meditation kann uns auch zu unseren Schattenseiten, zum Verdrängten führen. Aber auch der Schatten, das Unbewusste, das Verdrängte gehört zu uns. »Was brauchst du? Was macht dich unglücklich und überdreht? Was fühlst du wirklich? Warum läufst du Dingen hinterher, die dich nicht glücklich machen?« Solche Fragen können in der Stille der Meditation zu hören sein. Angst, Furcht, unangenehme Gefühle, Selbstzweifel stellen sich ein. An dieser Stelle geben manche Frauen auf.

Doch verdrängen wir das für uns Unangenehme, Verstörende auf Dauer, werden andere Wege gesucht. Die Seele benutzt dann den Körper als Sprachrohr. In der psychosomatischen Medizin, Psychiatrie und Psychologie wird dieser Prozess »Somatisierung« genannt. Migräne, Rückenschmerzen, Magenschmerzen und andere Symptome können diese Sprachrohrfunktion der ungehörten Seelensprache erfüllen. Der Körper streikt, er wird krank. Meist nicht ernstlich, aber ausreichend unangenehm, um Sorgen zu bereiten und sich eingeschränkt zu fühlen. Es ist zunächst verwirrend, später dann anrührend, wenn wir erkannt haben, dass unser Körper krank geworden ist, weil unsere Seele als findige, unermüdliche und treue Kraft nicht aufgibt, uns zu helfen. Was wissen wir über die schwierigen Seiten der Meditation? Wie viele Menschen machen negative Erfahrungen beim Meditieren? Gibt es einen Unterschied zwischen Männern und Frauen? Welche Rolle spielt die jeweils praktizierte Form?

Solche Fragen knüpfen an die schon im vorhergehenden Kapitel beschriebenen Erlebnisse der Frauen mit Stille und Ruhe an, die schwierig waren.

Wissenschaftlich wurde diese Frage bislang vernachlässigt. Erste Antworten liefert eine im Mai 2019 veröffentlichte Studie.

1232 Personen, davon 53 Prozent Frauen, die im Durchschnitt seit sechs Jahren meditierten, hatten neben demografischen Daten psychologische Fragebögen zu Achtsamkeit, Selbstmitgefühl und negativen Gedanken beantwortet.

Eine Frage lautete: »Haben Sie schon mal ausdrücklich unangenehme Erfahrungen gemacht (zum Beispiel Zustände der Angst, verstörende Gefühle oder Gedanken, verzerrte Wahrnehmungen Ihrer selbst oder Ihrer Umwelt), von denen Sie annehmen, dass sie durch die Meditation hervorgerufen wurden?«

Ein Viertel aller Teilnehmer konnte das mit Ja beantworten. Interessant dabei ist insbesondere, dass Frauen diese negativen Erfahrungen deutlich seltener gemacht hatten. Frauen können also offenbar der Stille mehr abgewinnen als Männer. Am wenigsten unangenehme Erfahrungen mit Meditation hatten übrigens religiöse Menschen.

Bezogen auf die spezifischen Meditationsformen schnitten die auf Achtsamkeit basierenden Meditationen am besten ab.

Was zeichnet Achtsamkeit aus? Warum hat gerade dieses Konzept in den letzten Jahren weltweit so eine Erfolgsgeschichte hingelegt? Das Umfrageinstitut Marketdata Enterprises machte 2017 für die USA geschätzte 1,2 Milliarden Dollar Umsatz für Achtsamkeitsprodukte und Angebote aus. Mit steigender Tendenz.

Achtsamkeit

Mit dem Konzept der Achtsamkeit kam ich als junge Psychologin vor über 30 Jahren erstmalig in Berührung. Das war während meines mehrjährigen Aufenthaltes in Kalifornien. Ich besuchte verschiedene Weiterbildungskurse in Systemischer Therapie, Kurzzeit- und Krisenintervention und Psychoonkologie. Dabei stieß ich eher zufällig auf das Esalen-Institut in Big Sur. Rückblickend würde ich sagen, dass dieser Ort und die dortigen Erfahrungen mein weiteres berufliches

Leben entscheidend prägten. Um Ihnen das Konzept der Achtsamkeit, so wie ich es damals erfahren habe, näherzubringen, möchte ich eine persönliche Geschichte erzählen.

Gespannt, mit einer gewissen ängstlichen Erwartungshaltung, erreichte ich das wunderbar am Meer gelegene Institut. Früher befand sich hier ein heiliger Ort der Esalen-Indianer. Aus Kostengründen teilte ich mir ein Zimmer mit fünf weiteren Frauen. Das alleine war schon ein Stressfaktor für mich. Und was würde mich im Kurs erwarten? Es waren 15 Teilnehmer aus sieben verschiedenen Ländern da. Das entlastete mich etwas. Nicht nur ich sprach Englisch als Fremdsprache. Die Leiterin des Kurses mochte ich sofort. Auch von ihrer Art, das Thema des Kurses mit uns zu bearbeiten, war ich fasziniert. Offen, freundlich, zugewandt, einfach in der Sprache, tief im Gehalt. Dennoch: In der Nacht schlief ich nicht. Wirklich nicht. Irgendwann schlich ich dann aus dem Zimmer, ging ans Meer mit dem steinigen Strand und wartete dort, bis es Morgen wurde. Da ich mich zum Frühstücksküchendienst eingetragen hatte, konnte ich schon um sechs Uhr »antreten«. Mein Kurs begann mit einer Einstiegsmeditation, deren Ziel es war, bewusst und im Moment auf unsere Atmung zu achten. Allem, was uns dabei durch den Kopf ging oder was wir im Körper spürten, sollten wir unsere nicht wertende Aufmerksamkeit schenken. Schon am Tag davor hatte Heather, so hieß unsere Leiterin, uns mit dieser Form der Aufmerksamkeitslenkung vertraut gemacht. Ich konnte mich überhaupt nicht auf diese Meditation konzentrieren. Ich spürte Angst und konnte nur daran denken, dass ich nicht geschlafen hatte, dass ich vermutlich auch in der kommenden Nacht nicht schlafen und spätestens dann zusammenbrechen würde. Dass der ganze Aufwand hierherzukommen, die Kosten und alles andere umsonst gewesen wäre. Dass ich hier eine lächerliche Figur abgebe. Was würden meine Freunde sagen, wenn ich nach einem Tag abreisen musste? Diese Gedanken wiederum machten mir noch mehr Angst. Mein Herz begann heftig zu pochen, mir wurde mal kalt, mal heiß. Aber ich hielt bis zur Pause durch. Und da geschah das Wunderbare. Ich stand etwas abseits, als Heather mich ansprach: »Wie geht es dir?« Ich erzählte ihr von meiner durchwachten Nacht und meinen Ängsten. Sie hörte ruhig zu und ließ mich dabei nicht aus den Augen. Ich fühlte mich gesehen. Dann sagte sie etwas zu mir, das ungefähr so lautete: »Ich kann deine Angst sehen. Und auch verstehen. Doch ich sehe auch die wundervolle Seite deiner Geschichte. Du hast, während alle schliefen, das Meer in seiner Einzigartigkeit gesehen. Nur du, das Meer und der Mond. Du hast mehr erlebt als wir, die schliefen.«

Eine Welle der Erleichterung durchflutete mich. Eigentlich *verstand* ich nicht, warum ich plötzlich so erleichtert, ja glücklich war. Doch *intuitiv* wusste ich, dass Heather mir etwas sehr Wichtiges mitgegeben hatte. Ich glaube, dass ich nach diesem Erlebnis wusste, was Achtsamkeit bedeutet. In der kommenden Nacht habe ich übrigens sehr gut geschlafen.

Achtsamkeit hat sehr viel mit unseren Sinnen zu tun. Sehen, was gerade zu sehen ist. Riechen, was gerade zu riechen ist. Hören, was gerade zu hören ist. Schmecken, was gerade zu schmecken ist. Tasten, was gerade zu tasten ist.

»Das ist doch banal« – könnte man meinen. Bitte beobachten Sie sich einmal unter diesem Gesichtspunkt. Vermutlich werden Sie schneller als geahnt feststellen, dass Sie, um nur ein Beispiel zu nennen, gleichzeitig Musik hören, während Sie essen und vielleicht noch zum Fenster hinausschauen. Welche von diesen drei Aktivitäten haben Sie jetzt wirklich ganz bewusst wahrgenommen? Ich möchte noch einmal zu meiner Geschichte zurückkommen. In der schlaflosen Nacht am Meer habe ich sehr wenig vom Zauber dieser Nacht bemerkt. Das Meer mit den pittoresk geformten Felsen darin. Das Spiel der Wellen.

Die ewig gleiche und doch immer wieder verschiedene Brandung. Die mit duftenden Blumen und Kräutern bewachsenen Felswände hinter mir beachtete ich nicht. Das Gemisch der Gerüche von Blumen, Salz und Algen roch ich nicht. Das Lichtspiel des Mondes auf dem Wasser. Der schwache Lichtschein der Sterne. Die nächtliche Kühle auf meiner Haut. Ich sah, roch und hörte all das nicht. Ich war nur mit meinen angst- und sorgenvollen Gedanken beschäftigt. Ich wollte nur, dass die Nacht schnell vorüber wäre. Am liebsten wäre ich geflohen. Aber ich hatte kein Auto, kein Telefon. Und ich kannte niemanden hier näher. Ich fühlte mich alleine.

Hätte es denn was an meiner unangenehmen Situation geändert, wenn ich wirklich gehört, gesehen, gerochen hätte?

Ja, ich denke, es hätte sich etwas geändert.

Ich glaube, die meisten Menschen neigen dazu, sich abzulenken und die Gedanken schweifen zu lassen. Neues zieht uns magisch an. Das Aufblinken einer neuen Nachricht auf dem Telefon, der Blick auf den Fitness-Tracker entfernt uns von dem, was wir gerade tun. Menschen als gesellige Wesen suchen die Gemeinschaft mit anderen. Zur gemeinsamen Entspannung und Zerstreuung. Da ich so wie die meisten Menschen bin, sitze ich deshalb bei Tätigkeiten, die mir wichtig sind, zum Beispiel beim Schreiben an diesem Buch, von der Außenwelt abgeschottet in meiner kleinen Schreibecke. Ohne Telefon, ohne Musik. Sogar die Türklingel habe ich dann manchmal ausgeschaltet. Nur meine Gedanken stehen im Zentrum. Das ist mein Hier und Jetzt. Es macht mich glücklich, wenn ich so ganz bei mir selbst bin. Auch wenn es mal nicht vorangeht. Das ist normal, beruhige ich mich. Morgen ist ein neuer Tag.

Wie verschieden davon war damals meine Situation alleine an der Pazifikküste. Ich hatte das Gefühl, nicht bei mir selbst zu sein. Ich fühlte mich getrieben von meinen negativen Gedanken und dem ständigen Grübeln. Ich fühlte mich nicht als Herrin in meinem Haus. Ich war eine Vertriebene, die nur noch an Flucht dachte. Ich wollte mich dieser Erfahrung nicht stellen. Erfahrungsvermeidung ist ein nüchterner psychologischer Terminus für so ein Empfinden. Nicht genug damit: Ich machte mir Vorwürfe, beschimpfte mich selbst als armselige Versagerin. »Negative Selbstattribution« oder »negative Selbstüberzeugung« nennen Psychologinnen das.

Grübeln, negative Gedanken, Erfahrungsvermeidung und negative Selbstzuschreibungen sind häufig Folgen fehlender Achtsamkeit für das Augenblickliche, das Gegenwärtige.

Sicher, es gibt unangenehme Situationen, die wir nicht ertragen müssen. Ich denke da auch an verbale oder tätliche, entwürdigende Attacken gegen uns Frauen.

Aber hier geschah nichts derart Schlimmes. Keiner tat mir etwas. Im Gegenteil. Die Welt, die Natur um mich herum, war unendlich schön. Doch ich sah das nicht. Wäre damals schon das Smartphone erfunden gewesen, hätte ich wohl eine sehr wichtige Erfahrung nicht gemacht. So aber konnte ich nichts Grundsätzliches verändern. Ich saß fest.

Das Einzige, was ich hätte ändern können, sah ich nicht.

Ich hätte mich, meine Einstellung zu dieser Situation ändern können. Das hat mir die Antwort von Heather bewusst gemacht. Ich hätte das Gegenwärtige in seiner Einzigartigkeit wahrnehmen und akzeptieren können – so wie es ist. Das wirklich Neue, die große Herausforderung, das große innere Abenteuer. Heather zeigte mir, dass es in meiner Hand lag, ob ich die Situation annehme, akzeptiere und dann die Schönheit erkenne. Oder ob ich sie als pures Stresserleben abbuche. »Du hattest ein einzigartiges Erleben, während wir alle schliefen.« Umdeuten, »Reframing«, die Situation in einen anderen Rahmen stellen, das ist das Geheimnis des Glücks, das in dieser Achtsamkeit liegt. Nicht nachfragen, was morgen ist, sondern mitfließen mit allem um mich herum.

Dann wäre ich damals eine schweigende, glückliche Frau im weißen Kapuzenbademantel nachts von Mondlicht übergossen an einer der schönsten Küsten der Welt gewesen. Denn dann wäre Achtsamkeit die Mutter meines inneren Schweigens geworden.

Schweigen

Obwohl ich schwieg, war es wohl nicht still um mich herum. Das Meer wird ununterbrochen Geräusche gemacht haben: brodelnd, gurgelnd, rauschend, schwappend, blubbernd. Das Kullergeräusch der Steine am Strand. Windgeräusche, raschelnde Blätter. Seelöwenrufe und Vogelstimmen kamen dazu. Naturgeräusche sind immer da. Meistens beruhigen sie uns. Mich damals jedoch nicht. Weder die Naturgeräusche, noch mein eigenes Schweigen brachten mir innere Ruhe. Ich fühlte mich alleine und empfand die Welt um mich herum als abweisend. Das Schweigen hatte mir seine dunkle Fratze gezeigt.

Schweigen kann erschrecken und ängstigen, wenn es nicht selbst gewählt ist. Auch mein Schweigen war nicht gewollt, es machte mir Angst. Wie gerne hätte ich mit jemandem gesprochen. Wie viele Menschen leben in unserer lauten Welt wohl in einem Dauerzustand des ungewollten Schweigens? Es gibt da eine Parallelwelt des traurigen Schweigens. Einsame alte Menschen mitten unter uns, Depressionspatienten, Patienten mit Angsterkrankungen, durch körperliche Krankheit verstummte Menschen, Frauen, die demente Angehörige pflegen, selbst abgeschnitten sind vom sozialen, vom sprechendem Leben, Alleinstehende aller Altersgruppen. Wenn liebevoll zugewandte Gesprächspartner fehlen, kann das Schweigen zur Qual werden.

Es gibt aber auch ein Schweigen, das mitten im Berufsfeld, in der Familie, im Freundeskreis seine gefürchtete dunkle Seite zeigt. Das Schweigegespenst zeigt sich im Alltag sogar häufiger, als wir es uns eingestehen möchten. So kennen die meisten von uns das peinliche Schweigen. Zum Beispiel auf die Frage der Chefin an das Team: »Wer hat das vergeigt?« Oder beim Smalltalk, wenn niemandem mehr etwas einfällt. Wenn allen durch den sprachlichen Leerlauf bewusst wird, wie wenig wir uns wirklich zu sagen haben. Es gibt ein Schweigen aus Verlegenheit, wenn man meint, Worte würden die eigene Scham nur noch schlimmer machen. Es gibt das trotzige Schweigen, in dem sich der Kampf um seelische Autonomie ausdrückt. Es gibt das »autistische« Schweigen des Gesprächspartners, der sich nicht in den anderen hineinversetzen kann. Es gibt das lauernde, berechnende Schweigen, das dem Gegner eine Falle stellen will – in der Annahme, dass der Konkurrent das Schweigen nicht aushalten kann und dann etwas preisgeben wird, was ausgenutzt würde. Es gibt das Schweigen, um ein Geheimnis zu verdecken. Man nennt es Verschweigen. Es gibt das entwertende, ignorierende Schweigen, das zeigen will, dass der andere nicht einmal einer Antwort wert ist. Es gibt Familiengeheimnisse wie Alkoholismus, Adoption, Missbrauch, die gemeinsam verschwiegen werden. Es gibt das verstockte Schweigen. Wenn das erlösende Wort selbst am Totenbett verweigert wird.

»Wir können nicht nicht kommunizieren«, das ist die erste von fünf Grundregeln menschlicher Kommunikation, die der österreichisch-amerikanische Psychotherapeut Paul Watzlawick entwickelte. Paul Watzlawick lernte nach Abschluss seiner analytischen Ausbildung in Indien fernöstliche Denkweisen und Yoga kennen. Beides integrierte er in sein wissenschaftliches Denken und Arbeiten. Im Gegensatz zu dem eher vergangenheitsbezogenen Denken der Psychoanalyse bezieht sich sein Ansatz konsequent auf das Jetzt und Hier der menschlichen Beziehungen. Ich lernte Paul Watzlawick und sein Kommunikationsmodell im kalifornischen Palo Alto näher kennen. Die Erkenntnis, dass Menschen immer kommunizieren, auch wenn sie schweigen, irritierte mich zunächst. Immer, auch wenn wir schweigend dasitzen, sendet unser Körper Signale an die Umwelt? Durch Rollenspiele im Kreis der Kollegen erkannte ich, wie wir tatsächlich auch im Schweigen kommunizieren. Durch nichtsprachliche, nonverbale Botschaften wie Körperhaltung, Mimik, Gestik und Verhalten »sprechen« wir mit unserem Gegenüber. Zum Beispiel durch Augenrollen, ein versteinertes Gesicht, nervöses Fingertrommeln, verschränkte Arme, Lächeln, zugewandte Körperhaltung etc. zeigt die Schweigende, wie ihr Schweigen zu verstehen ist.

Wann wir schweigen und vor allem *wie* wir schweigen, sagt dem Gegenüber sehr deutlich, was die Schweigende innerlich bewegt, was sie will.

Schweigen ist machtvoll in seinen negativen Wirkungen.

Als jüngeres Schulkind besuchte ich in der Nachbarschaft eine Mitschülerin. Ihre Mutter öffnete die Tür und beantwortete meinen Gruß kurz angebunden. Ich bemerkte, dass sie nicht mit ihrer Tochter sprach. Sie antwortete auch nicht auf eine an sie gerichtete Frage. »Was ist denn los mit deiner Mutter?«, wollte ich wissen. »Sie redet erst wieder mit mir, wenn ich mich entschuldigt habe.« Heute weiß ich nicht mehr, wofür sie sich entschuldigen sollte. Aber ich weiß noch, wie beklemmend und bedrückend ich die Situation in der Wohnung meiner Mitschülerin erlebte. Ich hatte gespürt, dass die Mutter ihr Schweigen als Druckmittel gegen ihre Tochter eingesetzt hatte, mit der sie sich in einem Machtkampf befand. Ich spürte die Kälte und Herzlosigkeit, die dieser Kampf ausstrahlte. Und auch die

Verzweiflung meiner Mitschülerin über die mütterliche Zurückweisung und Ausgrenzung.

Dass Schweigen eine gar nicht so seltene Erziehungsmaßnahme war, erfahre ich auch heute immer wieder aus den Erzählungen meiner Patientinnen. Schweigen ist für diese Frauen auch im Erwachsenenalter meist extrem belastet. Die Frauen erleben es als Drohung, als existenzielle Entwertung, als Verlassenheit, Hilflosigkeit, Zurückweisung. Sie erleben Schweigen so, wie sie es als Kind in dieser belastenden Eltern-Kind-Situation erlebt haben. Dabei ist ihnen der Zusammenhang zwischen ihrer jetzigen Situation und der in ihrer Kindheit bisweilen überhaupt nicht bewusst. Das Geschehen von damals wurde verdrängt, ins Unbewusste verschoben. Dort lagert es immer noch. Das wäre ja vielleicht nicht weiter schlimm. Doch es ist lebendig, es ist noch da. Es bestimmt aus dem seelischen Untergrund heraus darüber mit, wie die jetzt erwachsene Frau Schweigen erlebt.

Aber Schweigen wäre nicht eine nahe Verwandte der Stille, wenn es nicht auch eine machtvolle positive Seite hätte. Gehen wir mit den Frauen den Weg zum Heilschweigen.

Die heilende, die beruhigende Seite des Schweigens ist in aller Munde. Gesucht wird sie bei Aufenthalten im Kloster, bei Schweigeseminaren in der näheren Umgebung, aber auch an abgeschiedenen Orten auf der ganzen Welt. Aber was macht die Heilkraft des Schweigens aus?

Schauen wir zunächst in den Alltag. Dieser ist für viele Menschen im Wohlstand eine Welt vielfältigster, auch verwirrender Möglichkeiten. Zahllose Wege stehen offen, wie sollen wir uns entscheiden? Und vor allem die angstvolle Frage: Was könnte ich vermissen? FOMO wird das Phänomen genannt. *The fear of missing out.* Die Angst etwas zu verpassen.

»Wenn ich hier bin, könnte ich aber auch dort sein – dort
ist es vielleicht besser als hier – okay – schnell zum Dort – am
Dort angekommen fühlt es sich an wie das vorherige Hier – also
zurück – aber das Hier von vorher ist weg – es gibt ein neues
Dort – nichts wie hin.«

Es kann sein, dass das Gesuchte gefunden wird.

»Dieses Dort ist jetzt mein Hier – mein ein und alles –
ich bin angekommen.
Wir sind ich. Ich sind wir.
Und dann verabschiedet sich das Dorthier, das Ichwir.
Das Einundalles.«

In der Geschichte der dänischen Sängerin Aura Dione war es ihr Freund, ihre große Liebe, die sie betrogen hatte. Als ich Auras Geschichte las, fand ich, dass viel Weisheit und Kraft darin lag.

Als für die schon zu internationalem Ruhm und entsprechendem Medienrummel gekommene 34-jährige Aura ihre private Welt einstürzte, packte sie kurzentschlossen ihre Gitarre und einen Koffer und reiste nach Nepal. Dort blieb sie alleine in einer Hütte ohne Handyempfang. Zurück wollte sie erst, wenn sie wieder »ein vernünftiger Mensch war«, wie sie es ausdrückte. Sie empfand unsere Zivilisation voller Lärm und Emotionen als einen stressigen Ort. In ihrem Leben als Kosmopolitin, auf ihren vielen Reisen, meinte sie zu bemerken, dass die Leute ständig redeten, ohne vorher nachzudenken. Allerorten ein aufgeregtes Geplapper.

Dione lebte dann 30 Tage einsam am Fuße des Mount Everest in einer Holzhütte. Sie begann zu meditieren. Morgens und abends 20 Minuten. Sie lief durch die Berglandschaft, spielte Gitarre und begann wieder zu komponieren. Diese Zeit in der Hütte beschreibt sie als ihr tiefstes Tal. Aber sie blieb und gab sich Zeit zum Nachdenken. Sie bemerkte in diesem ungestörtem Rückzug auf ihre eigenen Gedanken und Gefühle, wie sehr sie ihr Glück von der Existenz eines anderen Menschen abhängig gemacht hatte. Mit der Folge, dass ihr Freund sie durch seinen Vertrauensbruch fast zerstört hätte. Sie erkannte, wie sehr sie sich in ihrer Branche von äußerer Anerkennung leiten ließ. Auch schmerzhafte Erlebnisse aus ihrer Kindheit mögen ihr durch den Kopf gegangen sein. Wegen ihrer »freien Hippie–Eltern« habe sie schon früher als andere Kinder ihres Alters Verantwortung übernehmen müssen, sagte sie einmal. Vielleicht erlaubte sie sich in diesem Monat des Schweigens zu erkennen, dass sie zu früh allein gelassen worden war.

Und so begann sie sich selbst immer besser zu verstehen. Sie konnte den Schmerz der Zumutungen und Ablehnungen aus früheren Tagen jetzt noch einmal fühlen und zulassen. Und so nahm sie auch den Schmerz anderer Menschen plötzlich wahr. Wie es Menschen in Flüchtlingslagern gehe, wie es manchen kleinen Mädchen und Jungs im Kindergarten gehe, wie es manchen Menschen im Altenheim gehe – all dieser Schmerz erschien ihr in einem neuen Licht. Seit der Zeit in der Hütte im Himalaja engagiert Dione sich für andere Menschen. So auch als dänische Amnesty-International-Botschafterin für Frauenrechte.

Waldbaden

Ein Drittel der deutschen Landfläche ist bedeckt von Wald. Es gibt dort stattliche 574 000 Kilometer Waldwege. Mir gefällt der Gedanke, dass die gesamte Landfläche unserer Erde ebenfalls zu einem Drittel von Wäldern bedeckt ist.

Mir gefällt das, einfach weil ich den Wald liebe. »Im Wald finde ich Ruhe und Abstand. Das ist Stille für mich.« Dieser Antwort einiger Frauen auf die Frage, was Stille für sie bedeute, kann ich mich voll und ganz anschließen.

Was macht den Wald zu einem ganz besonderen Ort der Stille? Ist das so, weil das sanfte Rauschen der Blätter im Wind mit 20 Dezibel leiser ist als das Ticken eines Weckers? Oder ist es die Farbe Grün? Das »gesegnete Grün«, wie es Hildegard von Bingen nannte? Denn Grün wird mit der schöpferischen Kraft des christlichen Heiligen Geistes assoziiert. Und schon tausende Jahre zuvor beschrieben die Ägypter den auferstandenen Gott Osiris als »den, durch den die Welt grün wächst«. Die Farbe Grün steht im alten Ägypten für neues Leben, für Aufbruch. Die tibetische Grüne Tara, die »grüne Befreierin«, ist ein weiblicher, friedlicher Buddha. Grün ist hier das Farbsymbol für die seelische Befreiung von Angstgefühlen und Hinführung zum tätigen Mitleid durch stilles Alleinsein. Es gibt wunderschöne alte Darstellungen der sitzenden Grünen Tara, umgeben von Pflanzen und Blumen. Taras Körper ist grün, und sie blickt ins Grüne.

Die Farbe Grün charakterisiert zwar den Wald, ist aber bei Weitem nicht das, was den Wald ausmacht. Wir kennen viele grüne Landschaften: Wiesen, Maisfelder, Flussauen, Weinberge, Rübenfelder, Parkanlagen, Gärten, Oasen, Reisfelder. Der Wald ist anders als alle.

Schon ein kleines Kind, das einen Wald zum ersten Mal bewusst betritt, bemerkt die Besonderheit dieses Ortes. Er ist anders als ein Park, ein Garten, eine Wiese. Es spürt, dass der Wald urwüchsiger ist, ungezähmter, durch seine Ausdehnung nicht überschaubar und machtvoll durch seine Höhe. Dazu das Unterholz, Moose, Farne. Tausendfach belebt durch Krabbeltiere und zwitschernde Vögel. Scheint die Sonne in den Wald und ein leichter Wind weht, entstehen zauberhafte Licht- und Schattenspiele. Alles zusammen verzaubert das Kind. Es will bleiben und spielen.

Der Wald hat seine ganz eigene Stille. Die sachten Geräusche der Blätter und Zweige. Ein Knarzen und Schaben von Stämmen und Ästen, die sich berühren und aneinanderlehnen. Sogar die Klein- und Kleinsttiere, die sich unter den Laub- oder Nadeldächern der Bäume tummeln, produzieren Geräusche. Haben Sie sich schon einmal im Wald neben einen Ameisenhaufen gesetzt und den Tieren zugeschaut – und zugehört? Oder dem Tropfen und Rauschen und Rieseln des Wassers, wenn es im Wald regnet?

Alle Tiere des Waldes, auch die größeren, die Rehe, Hirsche, Wildschweine, Dachse sind ungezähmte wilde Tiere. Da wir das wissen, erschrecken wir unwillkürlich, wenn ein Blätterrascheln im Unterholz nicht gleich zugeordnet werden kann.

Im Wald können wir die ältesten und größten Lebewesen der Erde antreffen. Die majestätischen Mammutbäume Nordamerikas zu sehen, war für mich ein Erlebnis, das mich damals wie heute noch im Rückblick mit Ehrfurcht erfüllt. Auch einige unserer Waldbäume können Jahrhunderte alt werden. Sie erzählen in ihrer Größe, mit ihrer knorrigen Rinde, in ihrem durch Blitzschläge und Unwetter geprägten Aussehen, dass Leben trotz Verletzungen weitergehen kann. Der Wald ist wie eine Parabel des menschlichen Lebens. Ein Gleichnis für den Weg des einzelnen Menschen und seiner Gemeinschaft.

Der Wald war deshalb schon immer der Raum der Fantasie, der Märchen und der Mythen. Denn Geheimnisvolles, Fremdartiges kann im Wald geschehen. Dinge, die jenseits der vertrauten Bezirke unseres Bewusstseins liegen, sind im Wald zu Hause. Beide Reiche grenzen aneinander, und viele Märchen lassen die Hauptfiguren »am Rande eines Waldes« leben. In der analytischen Psychologie und Traumdeutung symbolisiert der Wald unsere tieferen, unbewussten seelischen

Schichten. In den Geschichten wird er zur Seelenlandschaft unserer eigenen inneren Wildheit, Ungezähmtheit, aber auch unseres Mutes und unserer Tapferkeit und treuen Liebe auf dem oft gefahrvollen Lebensweg. Manchmal haben Bösewichte – das können wie bei Hänsel und Gretel auch die Eltern sein – uns in den Wald verbannt. Aber wir können auch ganz von allein vom Weg abgekommen sein und uns im Wald verirrt haben. Dort stoßen wir dann unverhofft auf Helfer. Es sind meist eigentümliche Kreaturen, manchmal in Tier-, manchmal in Menschengestalt. Es können bucklige, verwitterte alte Wesen sein, sehr häufig Frauen, die uns beistehen bei unserer Seelenreise in unbekannte, neue Bereiche. Doch auch ohne diese Helferinnen kann im Wald im Kampf mit bösen Mächten die eigene Kraft zutage treten.

Im Wald lernen die Märchenhelden und -heldinnen ihre eigenen Ängste, Befürchtungen und Schwächen kennen. Einsamkeit, Ausgestoßensein, Hilflosigkeit, Schwäche, Verwirrung. Und sie schaffen den großen Sprung, indem sie vor ihrer Angst nicht davonlaufen. In der Gefahr entdecken sie, wie viel Kraft und Intelligenz in ihnen steckt. So viel, dass sie sogar die Hexe verbrennen können. Nun erst können sie ein eigenständiges, freies Leben beginnen. Märchen sind Beispiele für das menschliche Seelenerleben. Die Bäume und der Wald spielen dabei als Ort der Ruhe und Selbstfindung seit Jahrtausenden eine herausragende Rolle. Ich werde im nächsten Kapitel noch einmal darauf zurückkommen.

Was hier in den uralten Geschichten, Sagen und Märchen der Völker über die helfende und heilende Bedeutung des Waldes vermittelt wurde, erlebt derzeit eine Renaissance.

Im Konzept des »Waldbadens« wird er ganz dezidiert als »Detox« für lärmgeplagte, gestresste, digital abhängige Menschen unserer Gegenwart angesprochen.

Wie kann das gehen?

Dem griechischen Philosophen Aristoteles wird der Satz zugeschrieben: »Das Ganze ist mehr als die Summe seiner Teile.« So ist es auch mit dem Wald. Er besteht aus Bäumen, ist aber mehr als nur viele Bäume. Indem die Baumkronen ein großes, bewegliches Dach aus Blättern und Nadeln schaffen und die Wurzeln der Bäume ein eigenes weit und tief verzweigtes unterirdisches Netz bilden, entsteht die einzigartige Beschaffenheit des Waldbodens. Nur so können Pilze, Mikroben und Waldtiere gedeihen, die für das Leben der Bäume unverzichtbar sind. Alles hängt hier miteinander zusammen, ist aufeinander bezogen im Reifen und Wachsen. Bäume beschützen und pflegen einander. Bäume sind sozial. Sie gehen gerne Symbiosen mit anderen Lebewesen ein. Besonders mit Pilzen entstehen tiefgreifende Partnerschaften. Tiefgreifend im wahrsten Sinne des Wortes, denn diese Partnerschaften spielen sich unter der Erde ab und können große Räume einnehmen. Baumwurzel und Pilz durchdringen sich und der Pilz wächst weit über das Wurzelwerk des Baumes hinaus. Er eröffnet seinem Partner und sich dadurch neue Horizonte der Wasser- und Nährstoffaufnahme. Alte Bäume düngen den Waldboden für ihren Nachwuchs. Sogar tote Bäume nützen noch den Nachfahren. Manche Baumsämlinge gedeihen besonders gut im abgestorbenen Holz der Elternbäume. Dadurch und durch viele weitere Besonderheiten des gemeinsamen Wachsens und Vergehens wird der Wald zu einem einzigartigen Ökosystem. Wir spüren im Wald, dass wir Zeuge einer Gruppendynamik aus Konkurrenz um Licht und Wasser, des Networkings, des generationenübergreifenden Beistandes sind.

Der Wald erinnert uns daran, dass auch der Mensch immer Teil der Natur war, einer sozial eingestellten Natur. Das mag erklären, warum der Wald ein Sehnsuchtsort für uns Menschen ist.

Aber nur, wenn wir uns darauf einlassen. Dafür steht das Waldbaden.

Auch hier steht »Achtsamkeit« im Vordergrund. Ganz dem Wald zugewandt zu sein, das geht nur ohne Ablenkung. Kein Mobiltelefon, kein Musikhören, keine Gespräche, keine sportliche Betätigung, keine Dehnübungen. Nur Hören, Schauen, Riechen, Tasten. Die Stille des Waldes mit allen Sinnen wahrnehmen bei achtsamen Spaziergängen, Ruhen, Sitzen im Wald. Das »Shinrin-yoku«, das »Waldbaden«, wurde in den 1980er-Jahren in Japan entwickelt und sogar in das staatliche Gesundheitssystem integriert. Wie bedeutsam Japaner den Wald in seiner Heilfunktion einschätzen, zeigt der Umstand, dass die »Waldmedizin« seit 2012 als ein eigener Forschungszweig an japanischen Universitäten auftaucht. Die positiven gesundheitlichen Auswirkungen des Waldbadens wurden vielfach untersucht und bestätigt. Yoshifumi Miyazaki, Japans bekanntester Waldmediziner fand in seinen Studien, dass sogar das stille Betrachten von Fotos von Wäldern den Stresshormonspiegel um 13 Prozent senkt. Und der echte, lebendige Wald, für den erste Studien darauf hinweisen, dass er unser Immunsystem stärkt, uns gesunden lässt und Schmerzen dämpft, ist uns allen frei zugänglich.

Als unsere Kinder noch Babys waren, schleppten wir sie so oft wie möglich am Wochenende in die nächstgelegenen Wälder. Manchmal ging es durch Matsch über Stock und Stein, und wir mussten den Kinderwagen tragen, um weiterzukommen. Sie lagen auf dem Rücken, das Kinderwagenverdeck war zurückgeklappt, sodass sie ungehindert das Blätterdach über sie hinwegziehen sahen. In ihrem Gesichtsausdruck las ich dann immer ein andächtiges Staunen.

Mit dem Waldbaden können wir nicht früh genug anfangen!

Heidi Gutschmidt

DER STILLE RAUM IN MIR

Atme ein – atme aus – atme ein – atme aus – dazwischen ist Stille. Diese Stille bewusst wahrzunehmen, bringt mir selbst die Stille. Stille kann im Außen sein, was in unserer lauten Welt, je nachdem wo wir leben und uns aufhalten, selten geworden ist. Die Stille kann innerlich sein, so wie zwischen den Atemzügen.

Ich gehe beim Yoga täglich in die Stille. Das bedeutet, ich mache Asanas, Körperübungen, die, wenn ich ganz in der Übung bin und in sie hinein entspanne, mich still werden lassen, innerlich und äußerlich. Danach übe ich Pranayamas aus, die Atemtechniken aus dem Yoga. Der Atem bringt mich ins Hier und Jetzt und ebenso innerlich in die Stille. Der Geist wird immer ruhiger, das heißt, meine Gedanken werden ruhiger, sie pendeln nicht dauernd zwischen der Vergangenheit und der Zukunft. Sie sind da und ruhig.

Meine Lieblingsatemtechnik ist die Sudarshan Kriya. Sie habe ich Sri Sri Ravi Shankar zu verdanken, der sie in einer zehntägigen Zeit der Stille beobachtet hat und seit fast 40 Jahren lehrt. Sie bringt mich in einen Raum jenseits von Gedanken, Gefühlen, vom Analysieren und Verstehen. Es ist ein weiter, unbegrenzter Raum, in dem alles gut ist so wie es ist, weit, klar, friedlich, harmonisch und absolut still. Von hier aus ist es mühelos und wie selbstverständlich, in Meditation zu verweilen.

Meditation bedeutet für mich, im gegenwärtigen Augenblick zu sein, loszulassen und alles so sein zu lassen, wie es ist. Gedanken kommen, mal mehr, mal weniger, je nach Tagesverfassung. Die Gedanken sein zu lassen und gehen zu lassen, ist die hohe Kunst. Sich nicht dagegen zu wehren, nicht an ihnen festzuhängen. Nach der Meditation ist mein Geist still und weit, klar und frisch, ganz gleich, wie erschöpft oder müde ich vorher war. Es ist die Stille, in der ich Energie tanken kann, nicht abgelenkt und beschäftigt mit Dingen im Außen. Und es ist die Stille, aus der heraus ich dann wieder aktiv und kreativ sein kann und will.

Die Energie will genutzt werden.

Der Gang in die Natur, in Stille und schweigend, ist ein weiterer Kraftraum, der mir Weite, Stärke und Verbundenheit gibt.

Ein bis zweimal im Jahr gönne oder manchmal auch verordne ich mir eine Auszeit und gehe für fünf bis zehn Tage in die Stille. Das bedeutet, ich nehme an einem Stille-Retreat teil. Das gibt mir die Möglichkeit, über mehrere Tage ganz mit mir, mit meinem Inneren in Kontakt zu gehen. Der Morgen beginnt mit den Übungen wie oben beschrieben. Während des Tages mache ich mehrere geführte Meditationen, die eine reinigende Wirkung auf die Energiezentren haben und höre Vorträge darüber, wie unser Geist tickt, wie er uns oft gefangen hält und wie wir frei von diesen Begrenzungen werden können. Alle Aktivitäten finden im Schweigen statt. Ich spreche während dieser Tage nicht und bin wenigstens schon einmal äußerlich still. Nichts sagen zu müssen, still sein zu dürfen, ist eine so wertvolle Erfahrung. Vor allem, wenn man sonst im Alltag, auf der Arbeit, immer etwas zu sagen hat oder sagen soll. Was dann passiert, wenn ich so nur mit mir bin? Es kommen Gedanken, Pläne, Erinnerungen.

Als ich damit vor 17 Jahren begann, waren es noch sehr viele. Die Unruhe in mir war greifbar. Mit den Jahren wurde es immer ruhiger, und ich tue mich inzwischen sehr leicht, auch innerlich schnell still zu werden. Zu beobachten, was in mir geschieht, auf der körperlichen und auf der geistigen Ebene und auch auf einer Ebene, die mit Worten kaum zu beschreiben ist.

Ich komme in eine Tiefenentspannung, das Gewebe wird wie durchlässig, weit, weich, sanft und zugleich stabil. Genauso verhält es sich mit meinem Geist. Grenzen lösen sich auf, und ich erfahre das Einssein mit allem und allen um mich herum. Wenn ich in diesem Zustand in die Natur gehe, ist das Mich-verbinden und Eins-werden mit der Natur, den Blumen, Wiesen, Bäumen, Bergen, Tieren eine Folge, ein Geschehen, und kein Machen. Im Laufe des Stille-Retreats fallen Sorgen ab, alles erscheint mir in einem anderen, realeren Licht. Ich habe es oft erlebt, dass sich für mich schwierige Situationen danach wie von selbst aufgelöst haben. Ich bin mit etwas anderem, Wesentlichen in Kontakt, und das lässt vieles von dem, was mir vorher wichtig erschien, klein werden und wie verschwinden.

Inzwischen gelingt es mir auch im Alltag über weite Strecken, mit dieser Stille und dem Raum in mir in Kontakt zu bleiben. Dabei helfen mir natürlich die täglichen Übungen, die mich immer wieder dahin zurückbringen.

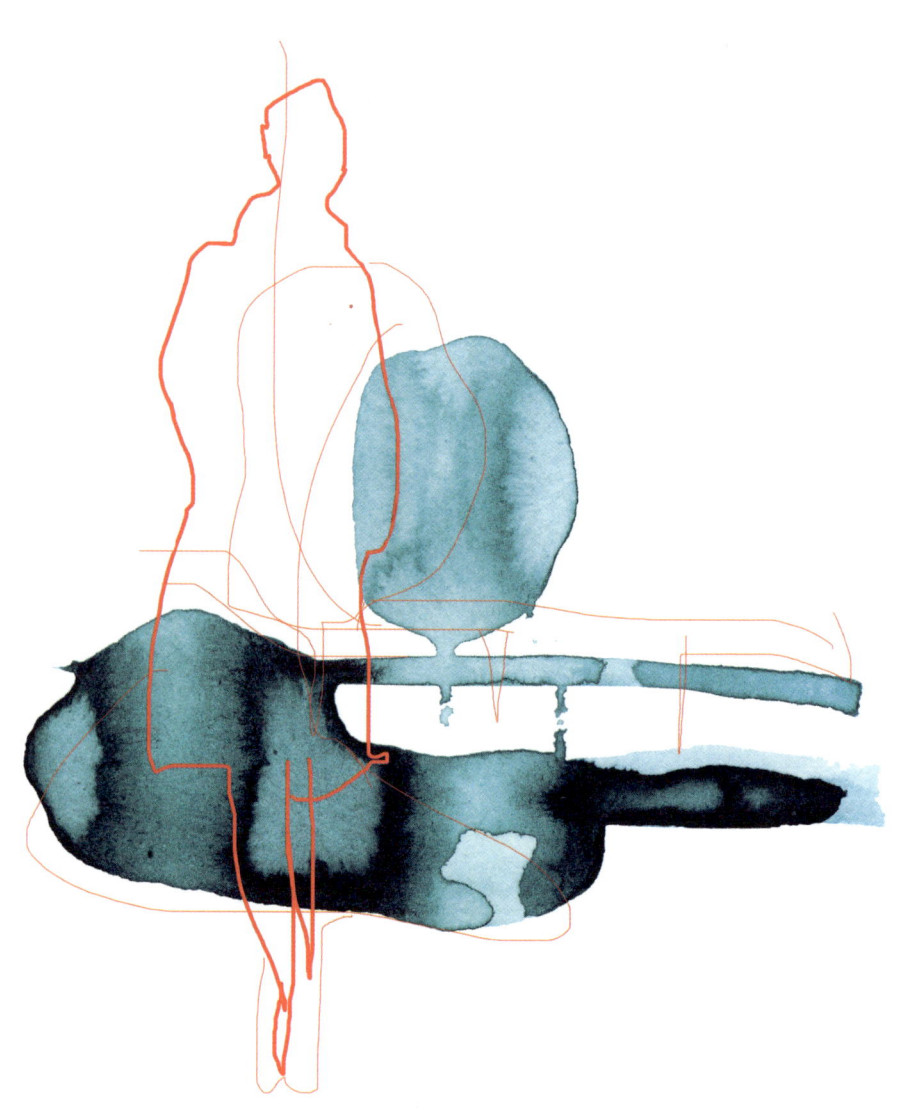

Kapitel 5

FRAUEN IN DER STILLE –
VOM MYTHOS ZU
DEN MYSTIKERINNEN

Wieder Bäume! Die ersten schriftlichen Belege für Frauen der Stille sind mit Bäumen verknüpft.

Auf meiner Suche nach den ersten Frauen der Stille landete ich in der Gegend zwischen den Flüssen Euphrat und Tigris. Im südlichen Mesopotamien, dem Land der Sumerer und ihres sagenumwobenen Königs Gilgamesch. In der vielleicht ältesten Überlieferung der Menschheitsgeschichte, des in sumerischer Sprache auf Tontafeln verfassten Heldenepos um den König Gilgamesch (2700 v. Chr.), stieß ich auf Lil. Ihr Name ist am wahrscheinlichsten mit »junge Geisterfrau« zu übersetzen. Sie wohnt im Stamm des Hulupubaums. Der Krieger Gilgamesch spaltet auf Bitten Inannas, einer sumerischen Gottheit, hin den Baum, und Lil flieht in ein trostloses, menschenleeres Gebiet. Inanna ist zwar weiblich, kann aber in männlicher und weiblicher Form erscheinen. Ein androgynes Wesen, Liebesgöttin und Kriegerin in einem. Aus dem gefällten Baum lässt sie ein Bett (Ort der Liebe) und einen Thron (Ort der Macht) für sich herstellen.

Wir werden in dieser jahrtausendealten Geschichte Zeuginnen eines Frevels an der Natur und dem Weiblichen. Denn der Baum symbolisiert in unzähligen Kulturen die Natur als Ganzes und ist zugleich symbolischer Repräsentant des Weiblichen. Lil bewohnt den Baumstamm. Die gewaltsame Verstoßung des jungen weiblichen Geistlebens aus der Natur und ihrem Zuhause lässt sich lesen als ein Ausschluss aus der Menschengemeinschaft.

Rund 2000 Jahre später wird in der Bibel, im Alten Testament bei Jesaja 34,14 Edom, der Ort der Vertreibung wie folgt beschrieben: »Der Herr spannt die Messschnur ‚Öde‘ darüber, er legt das Senkblei ‚Leere‘ an ... Auch Lilit das Nachtgespenst ruht sich dort aus und findet für sich eine Bleibe.« Aus der sumerischen Baumbewohnerin Lil ist in der hebräischen Überlieferung Lilit, eine in die Ödnis Ausgestoßene, ein Dämon geworden. Während Lilit in ihrem Baum eine selbstgewählte ruhige Heimat hatte, ist sie nun in eine der schauer-lichsten Gegenden verbannt worden. Sie lebt in einer Stille, die hier eine Bestrafung ist.

Die Vertreibung des Weiblichen aus seinem angestammten Platz steht also noch vor der erst später aufgezeichneten Vertreibung von Adam und Eva aus dem Paradies.

Aber gehen wir noch mal zurück in die Zeiten des Gilga-mesch-Epos, denn Lilits Schicksal erscheint wie das Vorspiel zur endgültigen männlichen Machtübernahme. Auch Inanna oder Istar, wie sie akkadisch heißt, der erhabenen Mutter und Herrscherin der Welt, der von erotischer Stärke und Zauberkraft erfüllten Göttin, geht es an den Kragen.

Der Held Gilgamesch demütigt Istar und zwar in ihrem eigenen Heiligtum, dem Zedernwald. Alles beginnt damit, dass Istar sich in Gilgamesch verliebt. So sehr, dass sie alle Vorsicht fahren lässt und sich ihm leibhaftig zeigt. Nicht verwandelt, wie sonst bei ihren Liebesabenteuern. Sie unterschätzt Gilgameschs Grausamkeit. Erst verschmäht er sie, dann beschimpft er sie als Dirne. Die wütende Istar holt Hilfe, wird aber von ihm im Kampf besiegt. Gilgamesch reicht dieser Erfolg nicht. Er verhöhnt die Besiegte ausgiebig. In ihrem Wald, den er zuvor bewundernd beschreibt, fällt er zusammen mit seinem Freund Enkidu die höchste Zeder. Das liest sich dann auf der fünften Tafel des Heldenepos ganz lapidar so: »Die Zeder fällten sie.«

Sollten sich Frauen besser vorsehen und ihre heiligen Orte der Stille nicht unvorsichtig in Gefahr bringen?

Im Mittleren Reich des alten Ägypten (2137-1781 v. Chr.) wurde Meretseger vor allem am thebanischen Westufer des Nils als Göttin »die die Stille liebt« verehrt. Als mächtige Gottheit konnte sie sowohl strafen als auch helfen. Häufig ist sie dargestellt als Frau mit Schlangen- oder Löwinnenkopf, bisweilen auch nur als Schlange. Ob sie ihren Namen wegen der umgebenden Wüstenlandschaften bekommen hat, ist ungewiss. Doch gesichert scheint zu sein, dass sie auf die Gefahren der Wüste hinweist und von den Menschen um Hilfe gebeten wird. Sie selbst, *die die Stille liebt,* ist nicht gefährdet. Sie herrscht über die Stille.

Die Wüste galt Jahrtausende lang als verfluchter Ort, der den Menschen gefährlich werden kann. Sündenböcke wurden in verschiedenen Religionen, symbolisch beladen mit den Sünden der Menschen, in die Wüste getrieben. Dadurch wollte man Gott mit den Menschen versöhnen.

Wie wir aber ebenfalls aus der Bibel wissen, sind Wüsten gleichzeitig Orte, an denen seelische Reifung und Läuterung gelingen kann, indem der Mensch sich dort bestimmten Aufgaben stellt. Auch Jesus verbringt 40 Tage in der Wüste. Er leidet seelisch und körperlich und wird vom Teufel in Versuchung geführt. Erst nach dieser belastenden, gefahrvollen Zeit in der Einöde beginnt er seinen Predigerweg unter den Menschen. Jesus sucht die Stille der Wüste aus eigenem Entschluss heraus und verlässt sie dann wieder, um zurück zu den Menschen zu gehen.

Die ägyptische Göttin Meretseger weiß offenbar um beide Seiten der Wüstenstille, die strafende wie die heilende.

Homers *Odyssee,* die als das Urwerk der abendländischen Literatur gilt und um 700 v. Chr. in Griechenland aufgezeichnet wurde, zeigt uns die spartanische Königin Penelope, die zwanzig Jahre auf die Wiederkehr ihres Mannes Odysseus wartet. Ein für uns unvorstellbares, unendlich einsames Ausharren ohne Kunde, ohne Wissen um das Schicksal des Geliebten.

Das Ehebett hatte ihr Mann aus einem Ölbaum gefertigt, dessen Krone er abhackte. Aus dem gewaltigen Stumpf mit den Wurzeln fest in der Erde schnitzte er, kunstvoll und robust zugleich, das Bett. Um das Bett herum wurde das Schlafzimmer errichtet. Die in diesem Bild enthaltene Symbolik ist so augenscheinlich wie anrührend: Der Baumstumpf ist mit seinen Wurzeln mit der Erde verbunden und holt sich seine Nährstoffe aus ihr. Die in diesem lebenden Baumbett Schlafenden sind mit den Kräften aus dem mütterlichen Urgrund verbunden. Sich so zu betten spricht für die liebevolle, tief verwurzelte Beziehung dieses Paares.

Dennoch, das Bild der treuen, wartenden Penelope kann bis heute alle verlassenen, wartenden Frauen betroffen machen. 20 Jahre alleine im Ehebett. Ohne Gespräche, ohne Zärtlichkeiten, Stille ringsumher. Tröstlich finde ich, dass Penelopes langer einsamer Schlaf im Baumbett von mütterlichen Naturkräften schützend bewacht wird. Dann geschieht das Wunder: Penelope erfährt von der treuen Amme, dass Odysseus zurückgekehrt ist. Zusammen mit ihrem Sohn Telemachos hat er ein fürchterliches Blutbad unter den von ihr gehassten, prassenden, habgierigen Freiern um ihre Hand im Saal ihres Hauses angerichtet. Auch die untreuen Dienstmägde mussten dran glauben. Doch Penelope ist vorsichtig. Sie prüft Odysseus Identität mit einer Fangfrage, der Frage nach dem Bett. Der so schnöde behandelte Odysseus reagiert wie ein echter Gentleman. Er achtet die Vorsicht seiner Frau und erzählt viele Strophen lang, was es mit dem Bett auf sich hat.

Da erst spricht Penelope unter Tränen die erlösenden Worte: »Jetzt aber, da du geschildert hast die deutlichen Zeichen unseres Betts, das kein anderer Sterblicher jemals erblickte, nur du und ich.« Bei ihrer zweiten Hochzeit »an der Schwelle des Alters« kosten sie die Wonnen der Liebe in ihrem lebenden Baumbett. Dass das Blut der Getöteten im Saal noch nicht getrocknet ist, stört beide nicht im Geringsten.

Welche Botschaft können wir dieser Geschichte entnehmen? Dass ein stilles Warten als liebende Frau, die sich mit den mütterlichen

Kräften der Natur verbunden weiß, auszahlt? Dass das Böse fällt und die Liebe triumphiert?

Oder eher, dass die bürgerlich-abendländische Zivilisationsgeschichte, als deren Gründungsmythos die Odyssee oft gelesen wird, den stillen Rückzug ins Private als ein weibliches Ideal vorstellen will? Ein Ideal, dessen zweifelhafter Lohn allerdings letztlich in der Wiedervereinigung mit einem verrohten, untreuen Patriarchen liegt.

Ein Blutvergießen ist Artemis, der mächtigen griechischen Göttin des Waldes, der Jagd und des Mondes, fremd. Sie streift *alleine* durch die Wälder und niemand darf sich ihr nähern. Ganz besonders Männer nicht. Obgleich sie selbst eine jungfräuliche Göttin ist, wird sie als schützendes Wesen der Frauen und Kinder verehrt. Es gibt wunderschöne Artemis-Skulpturen mit unzähligen Brüsten, die diesen nährenden Aspekt zeigen.

In der Antike übernahmen die Römer diese bedeutende Griechin in ihren Götterhimmel. Sie gaben ihr den Namen Diana, was so viel wie »heller Himmel« bedeutet. Auch bei den Römern wurde sie als jungfräuliche Göttin der Tiere, der Jagd und des Waldes verehrt. In vielen Statuen können wir sie im kurzen Rock und mit hohen Jagdstiefeln bewundern, häufig bewaffnet mit einer mächtigen Stoßlanze, manchmal Pfeil und Bogen. Ihre Haare sind häufig geknotet. Sie streift in Begleitung von Jagdhunden durch den Wald und wurde dementsprechend in heiligen Hainen verehrt. Die Bäume darin, Pinie, Quitte, Granatbaum und Eiche, bezeichnete man als *arbores felices,* glückliche Bäume. Diana war eine der beliebtesten römischen Göttinnen. Unter dem römischen König Servius Tullius (gest. um 534 v. Chr.) wurde ihr in Rom ein prachtvoller Tempel gebaut, der dem griechischen Artemistempel, einem der sieben Weltwunder der Antike, in Größe und Pracht nicht nachstehen sollte.

Mit der Ausbreitung des Christentums wurde der noch im neunten Jahrhundert auch in Franken praktizierte Dianakult dämonisiert und verboten. Diana und alle ihr huldigenden Frauen waren nun Gesellinnen Satans. Im Sendhandbuch des mittelalterlichen Geschichtsschreibers Regino aus der Abtei Prüm aus dem Jahr 907 n. Chr. wird Diana und die Stille, die sie umgibt, verteufelt: »Auch dies darf nicht übergangen werden, dass einige verbrecherische, wieder zum Satan bekehrte Weiber, verführt durch Illusionen und Phantasmen der Dämonen, vermeinen und behaupten zu nächtlicher Stunde mit Diana, der Göttin der Heiden, und einer zahlreichen Menge von Frauen auf irgendwelchen Tieren zu reiten und große Räume in der Stille der unheimlichen Nacht zu durchmessen. Sie gehorchen den Befehlen Dianas wie denen einer Herrin und werden in bestimmten Nächten zu ihren Diensten herbeigerufen.« Die Feiertage der Diana wurden konsequenterweise zu christlichen Feiertagen umgedeutet – unter anderen Maria Lichtmess und Maria Himmelfahrt. In diesen Festen schwingt noch Dianas Namensbedeutung »Himmel« und »Licht« mit, aber in ihrer Funktion als Schützerin von Natur, Frauen und Kindern wurde sie vernichtet. Sie gilt nun als eine böse Hexe der Nacht.

Die Nacht ist auch die Heimat der mythischen Frau Hel in der isländischen und germanischen Sagenwelt. Hel, die Verborgene, lebt »am nördlichen Rand der nährenden Erde unter des Urbaums äußerster Wurzel«. Dorthin, unter die Erde, fernab von Licht und Sonne, nach Nifelheim, hat der Hauptgott Odin (bei den Germanen heißt er Wotan) sie verbannt. Hel ist eine Frau der Gegensätze, die Leben nimmt und Leben schenkt.

Ebenfalls im Reich der Hel, am östlichen Tor zu Nifelheim, finden wir die weise Wala. Der Göttervater sucht die schweigende Wala auf, um sich in größter Not von ihr beraten zu lassen. Mit einem Wecklied zwingt er sie aus ihrem Schlaf und bestürmt sie mehrfach mit folgenden Worten: »Schweig nicht, Wala, ich will dich fragen.« Die weise Frau antwortet ihm schließlich widerwillig: »Welcher der Männer, mir unbewusster, schafft die Beschwere mir solchen Gangs? Schnee beschneite mich, Regen beschlug mich, Tau beträufte mich, tot war ich lang.« Und dann verkündet sie ihm und allen Göttern den Untergang. Untergehen müssen sie nach Auskunft der Wala, da sie an der Natur frevelten und sich nun gegenseitig um der Macht willen bekämpfen.

Wir erleben hier in der nordischen Mythologie (900 n. Chr.) eine starke, weise Seherin, die alleine und »wie tot« lebt. In ihrer Abgeschiedenheit von Schnee, Regen und Tau bedeckt wahrt sie ungestört vom Weltentrubel das Wissen über die Geschicke der Menschen und Götter. Auch die unfreundlichste Natur kann ihr nichts anhaben. Im Gegenteil. Sie ist viel lieber dort als sich mit Wotans Problemen herumschlagen zu müssen. Sie weiß alles über das Schicksal der Welt, und sie ist stärker als der mächtigste männliche Gott. Sie und ihre aus sich selbst gezeugten Töchter, die Nornen, werden alle den Untergang der Götter überleben.

Richard Wagner hat Wala (= Erda) und ihren Töchtern in seinem musikalischen Weltenepos *Der Ring des Nibelungen* ein Denkmal gesetzt, das inhaltlich auf der isländischen Sagenwelt der *Edda* (übersetzt: Urgroßmutter) fußt. Am Ende der Götterdämmerung deutet Richard Wagner den einzig möglichen Ausweg aus Naturausbeutung, Lieblosigkeit und Kampf um die Macht musikalisch an. Es ist ein wunderschönes musikalisches Motiv, das in dem gesamten 16-stündigen Werk nur zwei Mal vorkommt. Es wird von seiner Tochter Brünhilde gesungen. Sie, die ehemals von Männermacht in die Einsamkeit und Stille eines Berggipfels verbannte Frau, gibt den Ring den Rheintöchtern und damit den mütterlichen Kräften zurück.

Auch in unseren Märchen blitzt bisweilen das Wissen um die Wala auf. Brav versteckt allerdings. Zum Beispiel in der Sage um *Frau Holle*, die in den Kinder- und Hausmärchen der Brüder Grimm zu finden ist. Im Namen Holle verbirgt sich der althochdeutsche Name Hulda. In den skandinavischen Sagen wird von der Waldfrau Huldra gesprochen. Beide sagenumwobenen Frauengestalten wurden in vorchristlichen Zeiten als Göttinnen der Fruchtbarkeit verehrt. Beide gebieten über ein stilles unterirdisches Volk. Beide verfügen wie alle Erdgöttinnen über eine dunkle, gefährliche und eine helle, fürsorgliche Seite. In ihrer Macht liegt es, Leben zu schenken und Leben zu nehmen. Sie leben unten, in ihrer eigenen wunderschönen, stillen Welt inmitten von blühenden Obstbaumwiesen. Dass es in dem Märchen der Frau Holle nur nachrangig um fleißige und faule Mädchen geht und vielmehr um das gewaltsame Aufeinanderprallen von Gut und Böse und dem Umgang damit, können Sie in der tiefenpsychologischen Deutung von Eugen Drewermann nachlesen.

Alle geschilderten mythischen Frauengestalten lebten in ihrem eigenen Reich der Stille. Ihr Reich war häufig ein Baum oder ein Wald, aus dem sie jedoch dann vertrieben wurden. Dieses Unglück ereignete sich schon lange vor dem Einzug der monotheistischen Religionen. War die vorher gelebte Stille im Baum, im Wald selbstgewählt, frei und unabhängig, so ist sie nach der Vertreibung eine »Ödnis«, eine »Leere«, eine Strafe. So zeigt die männlich geprägte Tradierung des Mythos wie wir ihn heute kennen auch den Machtanspruch des Mannes gegenüber der Frau. Im Judentum und später im Christentum wurde es dann üblich, solche freien Frauen und ihr Wissen zu dämonisieren. Rückzug aus den vorgeschriebenen Rollen, in eine Stille, die den Raum für eigene Gedanken, Studien und Erkenntnisse öffnete, das war für Frauen ein gefährlicher Balanceakt.

Frauen, die den Balanceakt wagten, aus der Stille heraus ihre eigene Stimme erklingen zu lassen, waren die Mystikerinnen. Klosterfrauen, die, wie Hildegard von Bingen, manchen heute noch ein Begriff sind, wenn auch wohl die wenigsten so ganz genau wissen, wofür sie stehen. Für unser Thema, die Stille, die weibliche Stille, haben sie viel zu sagen.

Klöster generell stehen für Stille und Versenkung. Genau aus diesem Grund werden sie heute von Frauen (und Männern) aufgesucht. Um einmal abzuschalten, dem Alltagsstress zu entkommen, um im Schweigen innere Ruhe zu finden. Darunter sind auch Klöster, die in der spirituellen Nachfolge berühmter Mystikerinnen stehen, und die Orte atmen noch immer den Geist dieser besonderen Frauen.

Wählen wir ein Kloster, haben wir uns für einen »verschlossenen Ort« (lat. *claustrum*) entschieden. Verschlossen von Mauern, die etwas von außen ausschließen und gleichzeitig etwas beschützen, was drinnen ist. Klostermauern sind Grenzen für das Unerwünschte und verstärken so das Gefühl der Geborgenheit im Drinnen. Ein Kloster ist ein befriedeter, ein ruhiger Ort mit eigenen Gesetzen, den Ordensregeln. Diese oft jahrhundertealten Regeln geben Halt und Struktur in praktischer und spiritueller Hinsicht. Gerade wenn das Leben aus den Fugen zu geraten droht oder schon geraten ist, so berichten Frauen in meiner therapeutischen Arbeit es mir immer wieder, helfen Regeln, Halt und Klarheit zu finden.

Auch unser ganz normales Alltagsleben ist von Regeln bestimmt. Regeln, die manchmal unbewusst, oft unhinterfragt und wie automatisch das eigene Leben strukturieren. Und bestimmen. Es können ganz einfache Regeln sein, wie: aufstehen, wenn der Wecker läutet, das Zähneputzen am Morgen. Aber auch Regeln, die das weitere familiäre und berufliche Umfeld betreffen, wie: die Kinder pünktlich zur Schule bringen, am Abend noch mal die beruflichen Mails abfragen, zum Schulfest einen Kuchen backen.

Wenn Sie unter diesem Gesichtspunkt ihr Leben betrachten, werden Sie vermutlich erstaunt sein, wie stark es von Regeln bestimmt ist.

Eine Hauptregel in allen klösterlichen Gemeinschaften ist das Üben und bewusste Erleben der Stille. So steht in den Regeln des heiligen Benedikt unter »Die geistliche Kunst« ganz am Anfang des 6. Kapitels die Schweigsamkeit. Das Silentium ist über den ganzen Tag verteilt eine Zeit der Stille und wird in weiteren Regeln erläutert. Nach dem Nachtgebet folgt das »hohe Silentium«. Das Schweigen, das Für-sich-sein, stille Gebete, ruhige Betätigungen, Versenkung in Gott sind in den klösterlichen Alltag als bedeutsamer fester Bestandteil integriert.

Klosterfrauen wissen: Nur in der Stille ist ein Gespräch mit Gott und mit sich selbst möglich.

Das Laute, Hektische, Getriebene vertreibt Gott und die innere Ruhe. Damit auch der innere Lärm zur Ruhe gebracht werden kann, soll der äußere Lärm draußen bleiben.

Es sind nicht nur gläubige Frauen, die sich in Zeiten persönlicher Unruhe, täglicher Hetze und Überlastung für einen Klosteraufenthalt entscheiden. Eine von Sehnsucht motivierte Suche scheint mir allen Frauen gemeinsam zu sein. Suche nach Stille, nach Ruhe, nach Geborgenheit. Vielleicht auch nach mehr. Suche nach Antworten auf drängende Lebensfragen. Suche nach Orientierung, nach Sinn, Suche nach dem, was wirklich im Leben wichtig ist.

Das Kloster als das Verschlossene und die Mystik – die beiden verstehen sich gut. Denn das Wort Mystik kommt vom griechischen Stammwort *myein* und heißt »sich schließen«. Mund und Ohren schließen. Nach Ablegung des Ordensgelübdes bestimmten die stren-

Eva-Maria Walter

AUGUST-JAGD

Nächtliche Kühle atmet im dichten Dunkel der Bäume,
Letztjähriges Laub filtert den Duft feuchter Erde.
Davor August unter hochstehender Sonne.

Vorüber die werbenden Lieder der Vögel –
Nur sanftes Tschirpen und nimmermüde Amseln.
Die Hitze erfüllt von schwirrendem Summen.

Beginnt der Wind seinen Tanz,
applaudieren ihm eifrig nicht zählbare Blätter.
Leichtfüßiges scheint sich im Grün zu bewegen –
Nein, kein Reh, das steht lautlos vor Dir.

Raschelnder Laut kommt von den Kleinsten, den Mäusen. –
Verrät jetzt das Schlagen der Amsel
Die Ankunft des suchenden Bocks?

Nicht schlafen lässt Dich der Wald – die Augen
nur schließen,
Hoffen, beim Öffnen das Wild zu erblicken,
das Dich zur Jägerin macht.

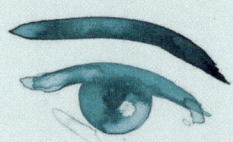

gen Regeln des Schweigens und der Stille den klösterlichen Alltag bis zum Lebensende. In Weltabgewandtheit sich Gott zuwenden. In Zurückgezogenheit und Hinwendung erlebten manche Eremiten und Klosterleute Visionen, Erleuchtungen, göttliche Inspirationen, die nur schwer mit Worten auszudrücken waren. Gläubige Frauen, die im Mittelalter solche Erfahrungen machten, nennen wir Mystikerinnen. Für uns heute ist es schwer, sich in diese Zeit und Hingebung an Gott hineinzuversetzen.

Für Klosterbesucher auf Zeit ist es ja meist schon eine echte Leistung, ein Wochenende oder eine Woche auf Mobiltelefon, Computer, Musik und Sprechen zu verzichten. Wem würde das nicht schwerfallen?

Im Wikipedia-Eintrag zum Suchbegriff »Mystik« zählte ich im Abschnitt »Mystik als Forschungsgegenstand« 68 Forscher und nur fünf Forscherinnen, die sich auf dem Gebiet wissenschaftlich einen Namen gemacht hatten. Das nenne ich eine Unwucht.

Eine Unwucht, die sich leider auch in der Geschichte der Frauenmystik widerspiegelt. Schon die ersten christlichen Frauen und Eremitinnen, die im 4. Jahrhundert in die Abgeschiedenheit der Wüsten Ägyptens und Vorderasiens zogen, blieben namentlich unerwähnt. Wir wissen nur, dass immer auch christliche Frauen damals diesen Schritt wagten. Geistesgeschichtlich betrachtet entwickelte sich aus dem Eremitendasein der christlichen Wüsteneltern das klösterliche Leben in der Gemeinschaft Gleichgesinnter. Die ersten Frauenklöster entstanden in Irland bereits im 5. Jahrhundert parallel zu den Männerklöstern. Mehrere Frauenorden und sehr viele Frauenklöster wurden in der Folgezeit in ganz Europa gegründet. Das Kloster war damals häufig ein Ort, zu dem Töchter wohlhabender und weniger wohlhabender Familien abgeschoben wurden. Doch im frühen 12. und 13. Jahrhundert wollten junge Frauen zunehmend selbstbestimmt ihr Christentum leben

– abgeschieden hinter Mauern in Frauenklöstern. Ein Grund dafür lag in der sich stark herausbildenden Heiligenverehrung im Zeitalter der Ritterorden und Kreuzzüge, deren Ideal sich vor allem durch persönliche Armut, tiefe spirituelle Hingabe und tätige Nächstenliebe auszeichnete. Besonders Frauen eiferten dieser urchristlichen Lehre nach. In den Zeiten des neuen Aufbruchs im 12. Jahrhundert überstieg die Nachfrage nach einem Leben im Frauenkloster das Angebot.

Wussten Sie, dass auch heute das Klosterleben mehrheitlich weiblich geprägt ist? Die Deutsche Ordensobernkonferenz (DOK) hat in ihrer Ende 2018 erschienenen Statistik Zahlen genannt. 81 Prozent aller Ordensleute sind weiblich. Dennoch – die Gesamtzahlen der Klosterfrauen zeigt es – ist die große Attraktivität des weiblichen Ordenslebens natürlich lange Vergangenheit.

Im Mittelalter aber waren Klöster für Frauen einer der wenigen Orte der Bildung. Hier konnten sie lesen und schreiben, musizieren und Heilkunde erlernen. Wenn Frauen nicht heiraten wollten oder kein passender Mann für sie gefunden wurde, war das Frauenkloster der gesellschaftlich einzig achtbare Weg, um weiter zu existieren. Unverheiratet und kinderlos bleiben, das durften Frauen damals vor allem hinter Klostermauern. Zudem konnte in den Klöstern und Laiengemeinschaften frommer Frauen das Gemeinschaftsleben weitgehend selbstbestimmt geregelt werden.

Bildung, mehr weibliche Entscheidungsfreiheit, Spiritualität. Das war schließlich der Nährboden für die Entstehung einer spezifisch weiblichen Form der persönlichen Gotteserfahrung, der Frauenmystik. So viel Eigenwille war jedoch der männlich dominierten Kirche bald ein Dorn im Auge. Vor allem, wenn Nonnen in der klösterlichen Stille plötzlich zu schreiben begannen! Wenn sie darüber hinaus ihre ganz persönlichen Gotteserfahrungen als Sendung für alle verstanden. Da war für die kirchlichen Würdenträger die Grenzlinie überschritten. Das war sträfliche Anmaßung. Waren Frauen doch »ein Missgriff der Natur (...) körperlich und geistig minderwertig« (Thomas von Aquin, 1225-1274).

Gefordert war Unterordnung – im Gemeindeleben und ganz besonders im Kloster. Nach den Worten des Apostel Paulus und seines Mitarbeiters und Begleiters Timotheus »sollen die Frauen schweigen in der Gemeindeversammlung; denn es ist ihnen nicht gestattet zu reden, sondern sie sollen sich unterordnen, wie auch das Gesetz sagt« (1 Kor 14, 34-35).

»Eine Frau lerne in der Stille in aller Unterordnung. Ich erlaube aber einer Frau nicht zu lehren, aber auch nicht über den Mann zu herrschen, sondern ich will, dass sie sich in der Stille halte.« (1 Tim 2, 11-12)

Doch gerade in der von Männern verordneten Stille schulten fromme Frauen ihren eigenen Geist. Ist es nicht paradox, dass sie gerade dort ihre eigene Stimme fanden?

Wohl darum brach für die Mystikerinnen eine dunkle Zeit an. Ihre Unabhängigkeit, ihr selbstbewusstes Auftreten, ihr Anspruch auf religiöse Autorität, all das, was sie sich im Rückzug hinter den Klostermauern erarbeitet hatten, wurde misstrauisch beäugt, und sie wurden bevormundet. Einige Mystikerinnen, darunter auch Mechthild von Magdeburg, beschuldigte man der Ketzerei.

So gerieten in Folge dieser männlichen Entwertung die Schriften der Mystikerinnen Hildegard von Bingen, Gertrud von Helfta, Mechthild von Magdeburg und Margarete Porète, um nur einige wichtige Frauengestalten der Mystik zu nennen, jahrhundertelang in Vergessenheit. Andere wurden gleich ganz vernichtet oder nie kanonisiert.

Manches erklärt sich aus den Umständen und der Sichtweise dieser Zeit (die sich in Teilen leider noch nicht einmal so antiquiert liest):

Ledige Frau = schwach

Ohne nennenswertes Vermögen = machtlos

Alleine lebend = verdächtig

Nicht in Klausur lebend = schwer kontrollierbar / verdächtig

Wirtschaftlich eigenständig = verdächtig

Gebildet = na ja, aber nur zum Privatgebrauch

Verfasserin theologischer Texte = nur zum Privatgebrauch

Humor = verdächtig

Sinnliche Liebe zu Gott = unerhört

Veröffentlichung theologischer Texte = verboten

Alle diese Eigenheiten trafen auf die französische Mystikerin Marguerite Porète (circa 1260-1310) zu. Ihre autobiografische Schrift *Spiegel der einfachen Seelen* wurde Ende des 13. Jahrhunderts in Frankreich veröffentlicht und sehr bald kirchlich verboten. Marguerite Porète hatte in ihrem Buch über ihre Suche nach Wahrheit durch Erkenntnis und Liebe geschrieben. Ihre Gedanken legte sie in Form eines Streitgespräches zwischen Gott, der Dame Vernunft und der Seele dar. Die menschliche Seele vergleicht sie darin mit einem Adler, dessen Flügel die Liebe sind.

Sie wurde angeklagt. Im Prozess verweigerte sie sowohl eine Rechtfertigung als auch einen Widerruf. Sie schwieg und wurde samt ihrem Buch nach Gefängnisaufenthalten auf dem Scheiterhaufen in Paris verbrannt. 600 Jahre war ihr Buch danach verschollen.

Was hatten die Mystikerinnen Neues, Unerhörtes in die kirchliche Welt hineingetragen? Und kann es uns heute noch etwas sagen, möglicherweise helfen?

Als Versuch einer Antwort auf diese Fragen möchte ich hier auf das umfangreiche Werk der Äbtissin Hildegard von Bingen (1098-

1179) zurückgreifen. Als achtjähriges Mädchen kam Hildegard in eine Klause im Benediktinerorden Disibodenberg. Die strengen Ordensregeln der Benediktiner lernte sie dort von Kindesbeinen an. Und sie bemerkte eine eigentümliche Begabung an sich, die sie ihre »Schau« nannte. Bald hatte sich ihr Ruf als Seherin verbreitet, und sie erhielt nach Prüfung durch eine päpstliche Kommission die offizielle Erlaubnis, ihre »Schau« aufzuschreiben. Sie war ja *nur* Seherin, nicht etwa Theologin! Ihre »göttlichen Inspirationen«, die sich aus zehn Visionen zusammensetzten, sind eines der Werke, die sie uns hinterlassen hat. Aber sie schrieb nicht nur, sondern trat Predigtreisen an und attackierte dabei immer wieder Teile des Klerus, der ihrer Ansicht nach verrottet war. Sie begegnete Kaiser Barbarossa und stand danach in Korrespondenz mit ihm. Sie forderte Reformen und fürchtete dabei keine Auseinandersetzung. Weder mit dem Kaiser, noch mit dem Papst und anderen kirchlichen Würdenträgern. »Jagt die falschen Prälaten hinaus aus ihrem Hirtenamt!« Oder an den Klerus direkt gewandt: »Ihr seid Nacht, die Finsternis atmet, ein halsstarriges Volk, das vor lauter Wohlstand nicht mehr im Licht wandelt.«

Was verlieh ihr die Kraft und die Sicherheit, in einer von Männern dominierten Welt so kühn aufzutreten? Offenbar gab ihr der Wert der Erkenntnisse, die sie in ihrer »Schau von der Welt« gewonnen hatte, die feste Überzeugung, eine Prophetin zu sein, durch die Gott zu den Menschen spricht.

Hildegard von Bingen und andere Mystikerinnen ihrer Zeit erlebten Gott erotisch-sinnlich mit Leib und Seele. »Oh, wie glücklich ich bin! Der Herr Jesus Christus macht mich bereit und macht mich schön und licht, weil ich so sehr verlange nach jenem Liebhaber, den ich beständig umarmen möchte und in Freude besitzen will, in allem und über alles«, schreibt Hildegard von Bingen in ihrer Schrift *Scivias*. Die geschlechtliche Liebe zwischen Mann und Frau ist für sie ebenso wie die eigene sinnliche, ja bisweilen ekstatische Beziehung zu Gott ein Ausdruck göttlicher Liebe. Hildegard von Bingen beschreibt offen und detailliert die sexuelle Liebe zwischen Mann und Frau als Naturtrieb, der wie ein kunstvolles Bauwerk (*aedificium*) ausgeführt wird. Das weibliche sexuelle Erleben vergleicht sie mit »dem feinen Lauschen wie den Klang einer Zither« (aus: *Hildegardis Causae et Curae*). Für Gott gehört das Körperliche und Seelische untrennbar zusammen. Eine akademisch-theoretische Aufteilung des Menschen in Seele und Körper ist für die Mystikerinnen undenkbar. Der Mensch kann nur als Ganzes gedacht, erlebt und gefühlt werden, sagen sie. Heute nennen wir dieses Denken Ganzheitlichkeit.

Die Frauen der Mystik erlebten die sie umgebende Natur als unmittelbaren Ausdruck der Liebe Gottes. Der Gang in die Natur ist für sie stets auch ein Weg zum Göttlichen. »Denn diese mütterliche Erde ist der Grundstoff des Werkes Gottes für den Menschen«, sagt Hildegard in der Schrift *Liber Vitae Meritorum*. Nur durch ein absichtsloses, zugewandtes, liebevolles Schauen, Hören, Schmecken, Ertasten eröffnet sich uns diese Quelle des Glücks. Erinnert Sie das an die Achtsamkeit oder an das Waldbaden? Die »Erde als eine Blüte der Schönheit Gottes« verlangt sorgsamen, nachhaltigen Umgang. »Die Menschen können die Sonne, den Mond und die Sterne und alle Schönheit dieses lebensfrischen Erdengrüns betrachten«, und dabei daran denken, »welche Glückseligkeit Gott den Menschen mit diesen Dingen geschenkt hat«, schreibt Hildegard wiederum in *Liber vitae Meritorum*.

Die Grünkraft (*viriditas*), wie Hildegard von Bingen sie nennt, ist also ein Bild für die lebensspendende Kraft Gottes für Mensch und Natur. Ihr inniger Zusammenhalt ist Garant für die gottgewollte Freuden spendende Ordnung der Welt.

Kann uns dieses Lebensprinzip nicht gerade heute wieder inspirieren?

Die Frauen der Mystik deuteten auch Gesundheit als enges Zusammenspiel, als Wechselwirkung von Körper und Seele – eine Grundlage, auf der auch die psychosomatische Medizin der Gegenwart arbeitet. Die Mystikerinnen erkannten, dass viele Belastungen körperlicher und seelischer Art durch ein Maßhalten vermieden werden können. Das rechte Maß zu finden, wird als essenziell für eine sinnvolle und harmonische Lebensführung erachtet. Work-Life-Balance ist ein moderner Begriff, der diesen Gedanken aufnimmt. Das rechte Wechselspiel von Bewegung und Ruhe, von Beten (Meditation) und Arbeit, Schlaf und Wachen, Fasten und Essen ist ausschlaggebend für die Freude am Leben, sagen die Mystikerinnen. Heute nennen wir das Prävention.

»Der Mensch hat sich versündigt gegen die Erde, die sein Blut getrunken; er hat die Luft verpestet und das Licht getrübt mit all diesem Weltengestank. Denn die Menschen kehren uns um wie in einer Mühle, von unterst zu oberst. Wir, die Elemente, die Lüfte, das Wasser, wir stinken schon wie die Pest; wir vergehen vor Hunger nach einem gerechten Ausgleich«, schreibt Hildegard von Bingen.

Mit dem Blut spricht sie die unheilvolle Seite des Kampfes, der Aggression der Menschen gegeneinander an. Im Kampf der Menschen um Macht, um Vormacht wird die Wahrheit und Schönheit der Dinge auf dieser Welt zerstört. Der Mensch hat sich gegen sich selbst und ebenso gegen die Elemente der Natur versündigt. In der erschütternden *Klage der Elemente* »schreien sie, die Elemente, so furchtbar auf über den Menschen und erheben ihre Klagen in Furcht und Schrecken.«

Diesem »Weltengestank« können die Menschen nur durch »Tugendkräfte« entkommen. Grundlage aller Tugenden ist das Erkennen der »geschwisterlichen Verbundenheit alles Lebenden«. Der Mensch ist nach Hildegard von Bingen ein zutiefst soziales Wesen. Von der ersten Sekunde seines Lebens an bis zu seinem letzten Atemzug. Er kann in der Vereinzelung weder körperlich noch seelisch überleben. Immer braucht er die anderen und die Natur für sein Glück. Es ist ein sehr optimistisches Weltbild, insofern es um das im Menschen angelegte Dasein füreinander weiß. Doch das ist gefährdet. Denn heute wie damals können wir uns in Sackgassen manövrieren. Durch Oberflächlichkeit, durch Herzlosigkeit, durch Undankbarkeit. Nur durch Einsicht und Reifung ist eine Rückkehr zur Lebensfreude möglich.

Diese gelingt nach Erkenntnis der Mystikerinnen wesentlich durch Besinnung, Einkehr und Meditation in der Stille. Hildegard von Bingen vertraut darauf, dass im Nachdenken der Heilige Geist, der »Feuerbrand der Liebe« dem Menschen hilft, Wichtiges von Unwichtigem zu unterscheiden, Gutes von Bösem zu trennen. In der Folge handelt er dann barmherzig gegenüber anderen Menschen und der Natur, und so kann die Welt gesunden. Die Positive Psychologie, die moderne Empathieforschung, die Systemische Psychologie und die Sozialpsychologie bestätigen heute die Überzeugungen dieser spirituellen Wegweiserin aus dem Mittelalter, die sie selbst im Schweigen und in der Stille »ausgebrütet« hatte, wie sie es nannte.

»Wir müssen auf unsere Seelen hören,
wenn wir gesund werden wollen.
Letztlich sind wir hier,
weil es kein Entrinnen vor uns selbst gibt.
Solange der Mensch sich nicht selbst
in den Augen und im Herzen seiner Mitmenschen begegnet,
ist er auf der Flucht.
Solange er nicht zulässt, dass seine Mitmenschen an seinem
Innersten teilhaben,
gibt es keine Geborgenheit.
Solange er sich fürchtet, durchschaut zu werden,
kann er weder sich noch andere erkennen,
er wird allein sein.«

Hildegard von Bingen zugesprochen

Denn solange dieses Miteinander nicht geschieht, ist Alleinsein nicht Stille, sondern Einsamkeit.

Sr. Lydia Wießler

WARTEN
AUF DIE STILLE ...

In dieser nächtlichen Stimmung, die wir »Stille« nennen, halte ich Ausschau, mitten aus dem prallen Leben heraus. Worauf warte ich?

Dunkle Ahnungen steigen in mir auf beim Anblick der Stadt. Häuser, inmitten flirrender Lichter, die sich zu variablen Gebilden zusammendrängen und wieder zerrinnen, die bedrohlich werden und sich wieder auflichten.

Der Himmel öffnet sich – Moment des Lichtes – und verschließt sich wieder, immer ist Bewegung da, in die ich hineingenommen werde.

Dumpf dröhnt die Musik aus der Bar von nebenan und zerreißt die Ruhe der Nacht. In diesen Klang weben sich die Schreie der werdenden Mutter im nahe gelegenen Kreißsaal, das leise Stöhnen des gerade hergebrachten Unfallverletzten, das unhörbare Ausatmen des Sterbenden, das stille Weinen der Alleingelassenen.

Geräuschlos öffnet sich die Wolkendecke, ein Flugzeug zieht leise seine Bahn, wie ein Schatten, man hört es nicht, doch es scheint Sehnsucht zu haben nach fernen Ländern, nach dem ganz Anderen, nach Leichtigkeit. Freiheit.

Langsam verstummen jetzt die Stimmen. Tiefe Stille breitet sich wie ein Tuch über die Stadt.

»Auf leisen Sohlen wandelt die Schönheit der Nacht, unbemerkt kommt alles, was Dauer haben wird, in diese wechselnde, lärmvolle Welt.«

Wilhelm Raabe

Ich atme die Stille der Nacht, Wurzelgrund meines Lebens – Himmel und Erde, Tag und Nacht. Zwischen diesen Polen bin ich eingepflanzt. Ich bin verwurzelt im Erdhaften und schaue nach oben, wo sich der Raum auftut. Festgefügt, um Stand zu gewinnen, mit dem Blick nach oben, wo sich das Ewige erahnen lässt.

In der Stille der Nacht bin ich zurückgeworfen auf mein Ich. Es gibt keine Flucht vor mir selbst, immer neu muss ich meinen Ort und meinen Weg ausloten.

»Wenn alles still ist, geschieht am meisten.«

Felix Timmermanns

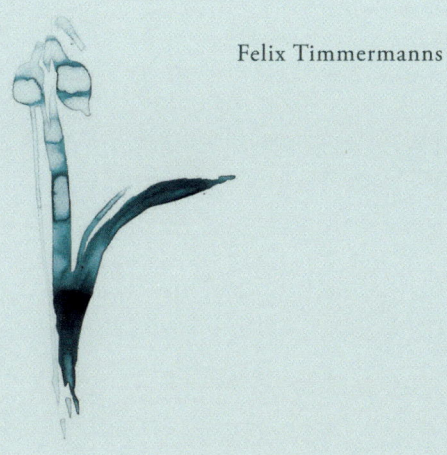

Durch nichts abgelenkt, erspüre ich, was geschieht, wenn nichts geschieht. Ich kann in der Stille ordnen, was in meinem Leben wichtig ist. Und in der Morgendämmerung fallen die ersten Sonnenstrahlen auf mein Gesicht und der dreieinhalbtausendjährige Hymnus von Echnaton steigt aus meiner Seele empor:

»Obwohl du fern bist, fallen deine Strahlen auf die Erde,
und die Gesichter sind dein Spiegelbild.
Du hast unsere Augen geschaffen,
damit wir sehen können,
was du geschaffen hast.
Die Menschen leben, wenn du aufgehst;
Wenn du untergehst, sterben sie,
du bist ja die Lebenszeit selber.
Alle Augen sind auf deine Schönheit gerichtet,
bis du untergehst.«

Nichts haben diese Worte von ihrer Sprachkraft eingebüßt, auch heute noch helfen sie mir, dem Geheimnis der Stille ein wenig näherzukommen.

Ich atme die Stille der Nacht.
Ehre sei Gott in der Höhe!

Sr. Lydia Wießler, Erlöserschwester,
in Erinnerung an ihre Arbeit in Tansania

Kapitel 6

~~~~~~~~~~~~~~~~~~~~~~~~~~~~

STILLE
IM ABSEITS

Die Millennials

Zwischen der Stille des Mittelalters und der Stille von heute liegen gewaltige gesellschaftliche Umwälzungen durch die Aufklärung, Industrialisierung, Kriege und zuletzt die digitalen Technologien. Aber die Millennials oder auch »Generation Y«, das heißt die um die Jahrtausendwende Geborenen, sind die Ersten, die in einer digitalisierten Welt mit völlig neuen Möglichkeiten der Kommunikation, der Information und als selbstverständlicher Teil eines digitalen Netzwerks aufwachsen.

Welchen Platz, welche Bedeutung hat da die Stille?

Seit einigen Jahren wird über die »Generation Y«, vor allem die akademisch ausgebildeten Teile, öffentlich diskutiert und publiziert. Stille ist dabei kein Thema. Als ich einer Frau aus der Babyboomer-Generation erzählte, dass mich dieses Thema beschäftigt, lachte sie laut auf: »Stille – und diese Generation! Das interessiert die gar nicht. Die sind ständig beschäftigt!«

»Mal sehen«, dachte ich. Ich interviewte einige Frauen im Alter zwischen 22 und 31 Jahren. Es waren Studentinnen, Berufstätige aus unterschiedlichen Bereichen und in Ausbildung befindliche junge Frauen.

Hier die Mitschriften nur einiger meiner Gespräche, die beispielhaft stehen können für das, was viele gesagt haben.

Seltene Stille

SARAH, 27 JAHRE ALT

»Stille hat man nicht mehr so. Durch das Smartphone ist man sozusagen immer online.

Stille ist für mich Ruhe und Entspannung. Aber auch ein bisschen Einsamkeit. Stille ist nur möglich, wenn man alleine ist. Das geht nicht in einer Gruppe.

Wenn ich Ruhe suche, fahre ich zum Beispiel an einen See und schaue mir die Umgebung an. Oder ich höre Musik. Ruhe und Entspannung von meinem Beruf finde ich auch beim Sport. Im Urlaub lasse ich auch mal das Handy aus.

Aber dann werde ich von meinen Freunden kritisiert, wenn ich nicht gleich antworte. Das kommt mir dann wie eine Aufgabe vor, die ich erfüllen muss.

Was mich stört, ist das Überfüllte überall. Das meide ich. Ich beobachte häufig die noch Jüngeren. Was ich da sehe und schlimm finde ist, dass sie nur noch online sind, alles muss gepostet werden.«

CLARA, 23 JAHRE ALT

»Stille ist heute generell selten. Stille tut mir gut. Sie ist manchmal aber auch schwierig zu ertragen.

Es ist für mich einfacher, Stille in der Natur zu finden. Weg aus dem Alltag. Das ist dann überraschend, weil man es nicht mehr kennt.

In Korea habe ich mit meiner Freundin an einem zweitägigen Schweigeseminar in einem buddhistischen Kloster teilgenommen. Es war erstaunlich, wie schwierig es ist, mal die Klappe zu halten. Es ist wie ein Reflex, zu reden. Aber da mussten wir das unterdrücken. Wir merkten dann, dass wir versuchten, zu schummeln. Wir zwinkerten uns zu, machten Grimassen und lächelten uns an.

Mir hat das Schweigen aber gefallen. Es ist ein Zustand des In-sich-gekehrt-Seins. Es ist etwas Verträumtes. Man wird im Gedankenfluss weitergespült. Sonst ist ja immer Ablenkung da. In der ersten Zeit in meinem Studium bin ich immer nur herumgehetzt. Das war mir damals gar nicht bewusst. Wenn ich gestresst war, habe ich mit anderen Leuten, mit meinen Freunden kommuniziert. Mich von ihnen trösten lassen. Das war in dem Moment gut.

Jetzt merke ich, dass es mir mehr hilft, alleine zu sein. Sich selbst ertragen – das ist am Anfang schwer. Es wird dann aber gut. Man wird belohnt, weil man es selbst geschafft hat, mit sich ins Reine zu kommen. Ich bin dann mit mir glücklich. Wenn es mir nicht gut geht, nehme ich mir Zeit, das für mich zu durchdenken und zu durchschauen. Diese Zeit für mich tut gut. Das wurde mir von außen auch zurückgemeldet: Du wirkst entspannter, ausgeglichener.«

NINA, 31 JAHRE

»Stille ist für mich ein sehr großer Luxus. Sie ist etwas sehr, sehr Positives. Als Teenager und noch vor fünf Jahren war das nicht so wichtig für mich.

Stille ist für mich das Alleinsein. Manchmal fahre ich in die Berge, um Stille zu erleben. Am liebsten mag ich diesen Zustand aber zu Hause. Ohne Musik, mein Handy liegt dann abseits. Es ist ein bewusster Rückzug. Ein Durchatmen zu Hause. Ich schaffe mir da einen Raum ganz für mich und bin für nichts weiter verantwortlich. Es erfordert aber Mut, einfach so abzuschalten. Denn wenn ich gefragt werde: ›Na, was hast du am Wochenende Schönes gemacht?‹, und ich antworte dann: ›Nichts Spannendes. Ich bin einfach mal zu Hause geblieben‹ – dann muss ich das erklären.«

ANTONIA, 24 JAHRE

»Stille ist für mich mein Zuhause. Das Zuhause bei meinen Eltern. Wir wohnen ganz abgeschieden und sehr ruhig inmitten der Natur. Ich selbst lebe in einer Großstadt. Da ist es immer laut. Auch im Urlaub erlebte ich fast immer nur sehr laute Städte. Ich mag Stille, aber ich habe sie nur zu Hause.«

BETTINA, 28 JAHRE

»Stille bedeutet für mich, bei mir selbst zu sein. Ich reflektiere viel über mich und meine Umwelt. Stille ist dafür wichtig. Stille bedeutet, alleine zu sein und sich mit den eigenen Gedanken auseinanderzusetzen. Früher dachte ich, dass ich nur zu zweit existieren kann. Jetzt bin ich auch alleine glücklich, denn ich fühle mich geerdet. Ich komme alleine klar. Stille ist für mich auch allein zu Hause sein im Hier und Jetzt. Ohne Musik. Früher war das bei mir nicht so. Doch jetzt ist das als Selbstfindungsprozess ganz wichtig geworden. Viele Leute gehen nach Thailand oder irgendwohin. Stille erleben geht aber auch zu Hause. Es macht mich stolz, dass ich mich so gut mit meinen eigenen Gedanken beschäftige.«

Stille sagte also auch den jüngeren Frauen etwas und mir schien, als hätten sie Spaß daran, über das Thema nachzudenken.

Der Generation Y voraus ging die Generation X, die 1970 bis 1980 Geborenen. Davor die Babyboomer, in Deutschland die 1955 bis 1969 Geborenen. Mein Erstaunen war groß, als ich las, dass in Amerika die erste noch lebende Generation der Geburtsjahrgänge 1925 bis 1945 die »Stille Generation« genannt wird. Offenbar hatte ihre Charakterisierung durch »Fleiß, Arbeitseifer, Belastbarkeit und Enthaltsamkeit« auch die Namensgebung beeinflusst.

Eine repräsentative Trendstudie des Zukunftinstituts (2013) zur Generation Y wollte herausarbeiten, was dem hochqualifizierten Nachwuchs zwischen Anfang 20 und Mitte 30 heute wichtig ist. Alles in Hinblick auf eine bessere Einschätzung durch Personaler und Unternehmen.

Die Ergebnisse der Umfrage zeigen, dass Unabhängigkeit, das Leben genießen, einen sinnvollen, erfüllenden Job zu haben, neugierig zu bleiben und eine gute Bildung zu erreichen die Top-Lebensziele sind. Im Privatbereich fast ebenso erstrebenswert sind ein fester Partner, eine eigene Familie zu gründen und viele Freunde zu haben. Diese »Wir-Werte« und solche, die auf die Entfaltung der eigenen Persönlichkeit abzielen, sind den jungen Erwachsenen wichtiger als Karriere im klassischen Sinn. Bei einem Arbeitgeber in der Hierarchie weit oben zu landen, ist für die meisten nicht mehr erstrebenswert. Das Neue an dieser Generation ist, dass individuelle Sinnfindung und Weiterentwicklung sowie Arbeit in einem ausbalancierten, vernetzten Geschehen gewünscht werden. Nicht mehr Work-Life-Balance, sondern Life-Balance. Oder anders: Erfolgreich ist, wer glücklich ist. So jedenfalls wird in dieser Studie die Erwartungshaltung der Y-Generation an Job und Leben zusammengefasst.

Interessant im Zusammenhang mit der Stille sind die Einschätzungen, was an psychosozialen Belastungen wohl auf sie zukommen möge. Ein Drittel der 20- bis 35-Jährigen befürchtet, dass sie im Laufe ihres Lebens an einer Burn-out-Erkrankung leiden werden. Das ist eine erschreckende Aussage. Sicher, in den Medien wird viel von Burn-out gesprochen, der fast schon ein Modebegriff geworden ist. Doch die Sorge ist berechtigt. Fakt ist, dass wir einen enormen Zuwachs an psychischen Erkrankungen, vor allem an Depressionen und den zugeordneten Erkrankungen zu verzeichnen haben.

Dem hohen Stellenwert eines sinnvollen, erfüllenden Berufes zum Trotz sind dessen Schattenseiten allgegenwärtig. Es gibt befristete Verträge oder Arbeit als Freelancer. Um einen festen Anstellungsvertrag zu bekommen, wird über die Arbeitszeit hinaus gearbeitet. Ständige Erreichbarkeit und Überprüfung der eingegangenen Nachrichten sind der Alltag, auch bei unbefristeten Verträgen. Reisetätigkeit, Telefonkonferenzen, auch mitten in der Nacht. Die nächste Deadline droht. Stellen wurden gestrichen, die verbliebenen Mitarbeiterinnen machen den Job jetzt eben mit. Immer das Gefühl haben, nicht fertig zu werden. Es nur gerade so hinbekommen zu haben. Ein ständiges Gefühl des Gehetztseins, keine Zeit für Konzentration und Nachdenken.

Dazu einige Zahlen: 46 Prozent aller deutschen Arbeitnehmer sagen, dass sie keine Fünf-Tage-Woche haben, sondern abends und an den Wochenenden arbeiten. Ebenso viele geben an, dass sie auch im Urlaub für Kunden, Arbeitgeber und Kollegen erreichbar sind. 20 Prozent arbeiten mit Smartphone oder Computer kurz bevor sie schlafen gehen. Nur 16 Prozent aller Arbeitnehmer sagen von sich, dass sie nach Arbeitsende nicht mehr beruflich erreichbar sind. Diese Zahlen stammen von einer repräsentativen Umfrage im Auftrag des Digitalverbandes Bitkom. Man darf annehmen, dass die hier gezeigten Trends für die junge Generation in noch höherem Maße Wirklichkeit sind.

Das Wort »Feierabend« ist im modernen Arbeitsleben vielfach überholt – und das Resultat zeigt sich womöglich in der Zahl der psychischen Erkrankungen. Solche, die auf Überlastung zurückzuführen sind, haben laut dem Drittem Gesundheitsbericht des Robert-Koch-Instituts seit 1994 um 120 Prozent zugenommen. Dadurch ausgelöste Krankheitstage haben sich in den vergangenen 40 Jahren verfünffacht (BKK Gesundheitsreport 2018). 13 Prozent der erwachsenen Frauen waren in den letzten 12 Monaten von Depressionen betroffen. 14 Prozent der Frauen zwischen 18 und 64 Jahren berichten eine starke Belastung durch chronischen Stress. Andauernde Schlafprobleme sind ein Zeichen dieser Erschöpfung. Die deutschen Krankenkassen haben deshalb Alarm geschlagen. Doch welcher Hebel soll angesetzt werden?

Die Generation Y spürt, dass sie hohe Belastungen stemmt oder stemmen soll. Sie ernährt sich bewusst, treibt Sport, und besonders junge Frauen sind häufig in Yoga- und Meditationskursen anzutreffen. Aber auch die Freizeit kann zum Stressfaktor werden. Wenn sie zu der Zeit wird, in der Frau sich fit, schlank, schön und sexy halten soll, in der sie sich entspannen, gesund ernähren und ihr soziales Kapital pflegen soll. So erkennt die junge Frau, dass sie auch in der Frei-Zeit keine Zeit hat und gehetzt zur Yogaklasse eilt. Danach so schlapp ist, dass nicht Kochen ansteht, sondern eine Pizza bestellt wird. Dass sie einfach müde ist. Auch die geplante Verabredung mit Freunden ist Stress. Und im Hinterkopf ist da immer die kritische Stimme: »Das muss doch zu schaffen sein. Andere kriegen das auch hin.« »Wieder Pizza statt Bio.« »Meine Freunde denken, ich bin eine Langweilerin.« »Was habe ich verpasst, wenn ich daheimbleibe und mich mal ausruhe?«

In dem Buch, dass der Jugendforscher Klaus Hurrelmann zusammen mit dem Journalisten Erik Albrecht zur Situation der Generation Y geschrieben hat, wird deutlich, dass zu den obersten Prämissen der jungen Generation wie in einer Gegenbewegung zu den oben genannten Erkrankungszahlen das eigene seelische und körperliche Wohlbefinden zählt.

Die britischen Forscher Thomas Curran und Andrew Hill legten 2018 eine Metaanalyse vor, an der 42 000 junge Menschen aus den USA, Kanada und Großbritannien teilgenommen hatten. Zum Zeitpunkt der Erhebung waren die Teilnehmer zwischen 18 und 25 Jahre alt und studierten. Um 33 Prozent öfter als die vorherige Generation waren sie der Ansicht, dass ihre Umwelt überhöhte Erwartungen an sie stellt. In diesem Befund liegt eine hohe psychologische Sprengkraft. Denn fühlen sich Menschen unverstanden, abschätzig beurteilt und überfordert, macht sie das anfälliger für Angsterkrankungen oder Depressionen. Ein Bericht der Weltgesundheitsorganisation von 2017 bestätigt, dass die Zahl der jungen Menschen mit psychischen Erkrankungen drastisch zugenommen hat. Ist dies eine Folge der Überforderung und einer unter anderem digital verursachten Erschöpfung? Vielleicht wird es kommenden Generationen schon wieder anders gehen, wenn eine zunehmende Digitalisierung der Arbeit in Zukunft kürzere

Arbeitszeiten für alle möglich macht oder es ein wie auch immer gestaltetes Grundeinkommen geben wird. Oder wenn die Klimakrise zu einer deutlichen Beschränkung der aufgewendeten Ressourcen führt.

In den Interviews jedenfalls scheint durch, dass manche Frauen die Gefahr intuitiv erkannt haben und dagegen angehen, indem sie gelegentlich der Freude am Weglassen frönen.

Angestrengte Stille

Manchmal stellt sich die Freude am Weglassen, die endlich der Stille einen Platz im Leben gibt, nicht ganz leicht ein. Mara, eine engagierte, kluge, weltoffene Frau Anfang 40, erzählte mir, dass sie jetzt nach über zehn Jahren Erfahrung mit Schweigemeditation, Zen-Meditation, Geh-Meditation, meditativer Kalligrafie und Ikebana eine für sie entscheidende Entdeckung gemacht habe. Sie habe plötzlich erkannt, dass ein großes MÜSSEN hinter all ihren Bemühungen stand.

Groß geworden sei sie in einer »überkatholischen Familie«. Das Meditieren, meist in einem fernöstlichen Rahmen, sei der Versuch eines Ausbruchs aus dieser Erziehung gewesen. Der Versuch, dadurch zu sich selbst zu finden. Aber er musste misslingen, denn sie hatte ihre alten Muster nicht abgelegt.

Schon immer, auch als kleines Kind, habe sie vieles tun müssen, um »lieb« zu sein.

Mara hatte gelernt, dass sie dann geliebt wurde und dazugehörte, wenn sie das tat, was die Eltern von ihr erwarteten. Sie hatte das Gefühl, dass die elterliche Zuwendung an dieses Wohlverhalten geknüpft worden war. Sie hatte gelernt, dass sie durch Widerstand gegen den Willen der Eltern ihr Bedürfnis nach Geborgenheit und Nähe in Gefahr brachte. Doch ohne Geborgenheit und Nähe kann kein Mensch, vor allem kein Kind leben. Also ordnete sich die kleine Mara unter. Sie wurde ein fügsames Mädchen. Der Preis dafür war hoch, denn ihr autonomes Selbst konnte sich nicht altersadäquat entwickeln. Es war auf der Stufe der kleinen, furchtsam angepassten Mara stehengeblieben.

Seit sie dies für sich erkannt habe, erschienen ihr die bisweilen sehr strengen Meditationsregeln zwanghaft. »Eigentlich all die Rituale rings um das angeleitete Meditieren und Schweigen sind eine Anstrengung für mich«, meinte sie. Auch bei den Teilnehmern in ihrem letzten Schweigeseminar meinte sie dieses zwanghafte Müssen in bedrückender Weise zu spüren. Es kam ihr vor, »als seien alle hier, um ihren Zusammenbruch zu verhindern. Dieses geballte Sich-zusammenreißen, um etwas Schlimmes zu verhindern, war beklemmend für mich.« Sie nahm all ihren Mut zusammen und beendete den Kurs vorzeitig. Und fühlte sich gut, »irgendwie befreit« durch diese Entscheidung. Der Abbruch des Schweigeseminars war sozusagen einer der Höhepunkte ihrer Auseinandersetzung mit diesem schwierigen Aspekt ihrer Persönlichkeit.

In den Monaten danach dachte sie in einer neuen Art über ihr Leben nach. Es wurde ihr bewusst, dass sie in vielen Lebensbereichen »nichts falsch machen wollte«. Nur keine Konflikte, eigene Bedürfnisse zählten weniger als die Wünsche der anderen. Am Arbeitsplatz und auch zu Hause. »Immer meinte ich, ein Ziel erreichen zu müssen. Immer alles gut machen zu müssen. Auch beim Meditieren.« Die Erkenntnis, dass sie noch immer das »liebe Mädchen« sein wollte, stimmte Mara zunächst traurig. Sie hielt diese Trauer aus und betäubte sie nicht durch Ablenkung. Mit ihrer Freundin konnte sie glücklicherweise darüber sprechen.

Nun, ein Jahr später, sei Stille für sie »Frieden und auch Freiheit«. »Nicht mehr irgendwo dasitzen und etwas erzwingen wollen.« Heute finde sie Stille viel einfacher. Auch einfach zu Hause. »Es ist erstaunlich. Ich muss dafür nicht mehr um die halbe Welt fliegen. Ich muss mich nicht mehr anstrengen, mich nicht mehr zu irgendetwas zwingen. Ganz im Gegenteil. Ich ruhe mich einfach aus. Ich gönne mir eine Pause. Da tu ich dann, was mir Freude macht. Manchmal lese ich den ganzen Abend. Ich weiß jetzt viel mehr, was mir guttut. Wie ich meine eigene Stille finde.«

Das von Mara für ihre Stille benutzte Wort »Frieden« ist mir aufgefallen. Frieden kommt von dem althochdeutschen *fridu*, das Freundschaft oder Schonung bedeutet. Es ist das Gegenteil von Störung und Beunruhigung. Viele Frauen finden im Alltag wenig Frieden. Werden von anderen nicht in Frieden gelassen und auch nicht von sich selbst. Denn es ist eine wechselseitige Angelegenheit: Ich werde beunruhigt, und ich lasse mich beunruhigen.

Sicher: Immer steht etwas an, muss etwas gemacht werden. Kaum ist eine Aufgabe halbwegs erledigt, drängt die nächste heran. Ansprüche anderer und eigene Ansprüche an sich selbst können dann dazu führen, dass das Gefühl vorherrscht, nichts mehr geregelt zu bekommen. Es ist ein Leben in permanenter Sprungbereitschaft und Anspannung.

Weshalb ist es so schwer, aus diesem ständigen Eingespannt-Sein und Sich-Einspannen-Lassen herauszufinden? Maras Geschichte liefert einen wichtigen Hinweis. Mara erkannte, dass ein wichtiger Grund in ihrer Rolle lag, immer noch das brave Mädchen ihrer Eltern sein zu wollen. Einige meiner Patientinnen erkannten, dass sie gelernt hatten, immer ganz vorne mit dabei sein zu müssen, um gemocht zu werden. Sie sind leistungsbesessen und finden daher keine Ruhe mehr. Anderen Frauen wurde bewusst, dass sie auch den Großteil ihrer Freizeit zwanghaft und getrieben von Nützlichkeitserwägungen abhandeln: Meditation zur Leistungssteigerung im Job, Yoga und Joggen zur Optimierung des Aussehens, Freundschaften zur Steigerung des beruflichen oder sozialen Marktwertes.

Manche haben das heute so populäre Motto des »Höher, schneller, weiter« übernommen und ihm ein »Und zwar jetzt, bevor es zu spät ist« hinzugefügt. Wie oft höre ich von jungen Frauen, dass sie, bevor sie eine Familie gründen wollen, noch dies und das machen *müssen.* Meistens handelt es sich um Reisen an die entlegensten Orte der Welt, aber auch um ausgefallene, zeitintensive Freizeitaktivitäten.

Jede Frau hat ihre ganz eigene Biografie und ihre ganz persönlichen Gründe, zu viel an Lärm, Stress, Ablenkung, zu viel *Müssen* in ihr Leben gelassen zu haben. Doch will sie etwas ändern und in ihrem Leben verbessern, bleibt keiner Frau erspart, sich zu erforschen. Und dem Weglassen wirklich zuzustimmen.

Vor der Freude des Weglassens steht die Furcht vor dem Weglassen. Denn weglassen heißt stets, eine Entscheidung zu treffen. Eine Entscheidung, die auch Mäßigung und Selbstbeschränkung erfordern kann. Denn eine Entscheidung für etwas ist immer auch eine Entscheidung *gegen* etwas.

Solch ein seelischer Entscheidungsprozess kann – wie bei Mara – eine lange Zeit benötigen. Die Seele reist auf dem Rücken eines Kamels.

Immer ist es ein individuell einzigartiger Reifungsprozess, bis das entscheidende NEIN ausgesprochen werden kann. Erst dann kann die volle, erwachsene Verantwortung für die Gestaltung des eigenen Lebens übernommen werden. Körper und Seele atmen auf.

Nicht aufatmen können Seele, Geist und Körper all der Menschen, die dauerhaft unter Schlafproblemen leiden. Dieses Leiden betrifft in unserer Gesellschaft sehr viele Menschen unterschiedlichsten Alters, Geschlechts und sozioökonomischer Herkunft.

Es ist ein stilles Leiden.

Nur engste Familienmitglieder und Freunde werden Zeugen davon.

Es beginnt oft mit dem Einschlafen, vielmehr dem Nicht-einschlafen-können. Über die Hälfte aller Deutschen braucht eine halbe Stunde oder länger dazu. Nicht durchschlafen zu können, ist ein ebenso häufiges Problem. Beim geringsten Geräusch aufzuwachen und die dauernde ängstliche Besorgtheit um den Schlaf gehören dazu. Aufschrecken aus dem Tiefschlaf durch das Läuten des Weckers. Schlafbeeinträchtigung durch Lärm aus der Nachbarwohnung, der weinende Säugling, Schnarchen des Partners, spät heimkehrende Familienmitglieder, Baulärm, Fluglärm, Grübeleien. Die Liste könnte noch lange fortgesetzt werden.

Das menschliche Schlafbedürfnis ist nicht wie ein Wecker vor- oder rückstellbar.

Um die seelische, kognitive und körperliche Leistungsfähigkeit aufrechtzuerhalten, werden etwa sieben Stunden Schlaf pro Nacht empfohlen. Die Weltgesundheitsorganisation und die National Sleep Foundation empfehlen sogar eine durchschnittliche Schlafdauer von acht Stunden pro Nacht.

Laut der TK-Schlafstudie von 2017 kommt jedoch jeder Zweite auf höchstens sechs Stunden Schlaf. Jeder Vierte schläft noch weniger, nämlich bis zu vier oder fünf Stunden pro Nacht. Nur ein Drittel aller Befragten erreicht die empfohlene Schlafdauer von sieben Stunden. Frauen haben zwar einen regelmäßigeren Schlafrhythmus als Männer, aber im frühen Aufstehen und der zu geringen Dauer unterscheiden sie sich nicht von den Männern.

Doch schon ein geringer Schlafmangel hat negative Auswirkungen auf die Gehirnfunktionen, die Konzentrationsfähigkeit. Permanenter Schlafmangel und klinisch diagnostizierte Schlafstörungen beeinträchtigen alle körperlichen, geistigen und seelischen Funktionen in negativer Weise. So sind Menschen die einzigen Lebewesen, die sich selbst am Schlafen hindern.

Was hat nun Schlafen mit Stille zu tun?

Sehr viel, denn Schlaf und Stille sind enge Verwandte. Der Schlafende ist still, und Schlaf gedeiht in der Stille. Menschen schlafen besonders gut, wenn es ringsum möglichst still ist. Das Schlafzimmer liegt bevorzugt zur ruhigeren, dem Straßenlärm abgewandten Seite. Stille aber ist vor allem in den Großstädten ein Luxus geworden. Es gibt verschiedene Prognosen, die von einer weiteren Konzentration der Bevölkerung in den Städten ausgehen. So sollen im Jahr 2030 über Dreiviertel der deutschen Bevölkerung in einer Stadt leben. Für sie ist es nicht unwahrscheinlich, dass die Nachtruhe durch zu dünne Wände zum Nachbarn, lärmende nächtliche Passanten, früh morgens beginnenden Straßenlärm gestört und verkürzt wird.

Stadtbewohner leiden häufiger an psychischen Störungen als die Menschen auf dem Land. Zu diesem Ergebnis kam eine Studie des niederländischen Psychologen Jaap Peen schon im Jahr 2010. Die Städter haben um 20 Prozent mehr Angststörungen und um 40 Prozent mehr affektive Störungen wie Depressionen. Nicht nur der Dauerlärm, sondern auch weitere Faktoren wie eine zu große soziale Dichte bei gleichzeitig größerer Vereinzelung, die das Leben in einer Großstadt prägen, sind für diese Entwicklung mitverantwortlich.

Stille und Schlaf werden durch Stress vertrieben. Stress ist die erhöhte Alarmbereitschaft des Körpers als Reaktion auf äußere oder seelische unangenehme Reize (Stressoren). Die erhöhte Alarmbereitschaft unseres Körpers war ursprünglich ein Schutzmechanismus. Unser Körper bereitete sich durch Aktivierung des sympathischen Nervensystems auf Kampf oder Flucht vor. Diese Alarmreaktion hat das Überleben der Menschen vor langer Zeit gesichert.

Was einstmals rettend war, ist im Leben des modernen Menschen eine Gefahr für Leib und Leben geworden: Schädigend wird Stress, wenn eine chronische Aktivierung der Kampf-Flucht-Reaktion vorliegt. Erhöhter Puls und Blutfluss, ein erhöhter Stoffwechsel, die Freisetzung von Stresshormonen und die Zunahme der Gehirnaktivität (»Nicht-abschalten-können«) sind körperliche Reaktionen. Dauerlärm, aber auch Sorgen, Ängste, Niedergeschlagenheit sind Stressoren, die Schlafstörungen verursachen können.

Viele Frauen kennen das: Der erste wirklich ruhige Moment des Tages ist gekommen, wenn der Körper zum Schlafen ins Bett sinkt. »Doch ein aufgewühlter Geist ist ein schlechtes Ruhekissen«, sagte Charlotte Brontë. Alle tagsüber verdrängten Sorgen, Bedenken, Unannehmlichkeiten, unerledigten, vergessenen Dinge melden sich. Das Gedankenkarussell dreht sich. Das ist verständlich. Denn tagsüber gab es ja keine Pause, keine Phase der Stille, um sich damit zu beschäftigen.

Wer vor dem Schlafengehen innerlich nicht zur Ruhe gekommen ist, wird nicht schläfrig.

Und durchwachte Nächte können sehr einsam sein.

Schmerzhafte Stille: die Einsamkeit

Es gibt in Deutschland einen Trend dazu, alleine zu leben. Die häufigste Wohnform mit fast 40 Prozent ist in Großstädten der Singlehaushalt. Insgesamt lebte 2018 jeder fünfte Deutsche in einem Ein-personenhaushalt.

Alleine leben und Alleinsein ist natürlich nicht gleichbedeutend mit Einsamkeit. Ich kenne viele Single-Frauen, die überzeugt und aus einer bewussten Entscheidung heraus alleine leben und dabei keineswegs unglücklich sind. Alleinsein heißt zunächst: nicht mit anderen zusammen sein. Das selbstgewählte Alleinsein kann dann ein Hort der Ruhe, des Rückzuges, der Inspiration sein. Vor allem hochsensible Frauen, deren emotionales und sensorisches Erfahren intensiver ist als das anderer Menschen, brauchen und schätzen diesen Rückzug.

Ein einsamer Mensch jedoch vermisst die Gemeinschaft mit anderen Menschen. Einsamkeit ist immer ein schmerzhaftes Gefühl, das durch häufiges *unfreiwilliges* Alleinsein hervorgerufen wird. Einsamkeit ist ein großer seelischer Schmerz. Als soziales Wesen braucht jeder Mensch erfüllende Beziehungen zu anderen Menschen. Zu einer Gemeinschaft gehören, sozial gesehen und beachtet zu werden, gebraucht zu werden ist ein menschliches Grundbedürfnis, ebenso wie Essen und Schlaf. Wenn diese Nähe zu anderen Menschen fehlt, fühlt der Einsame soziale Schmerzen.

Schmerzen, die zumeist still ertragen werden. Selten habe ich erlebt, dass ein Mensch diesen Schmerz hinausschreit. Warum leidet der Einsame so still? Aus Scham? Sozial nicht zu genügen ist ein immenser Makel, der stigmatisiert wie wenig anderes. Kein soziales Netzwerk, kein soziales Kapital. Die Einsamkeit ist ein Außenseitergefühl, sie bleibt unausgesprochen, und es liegt in ihrer ureigenen Natur, dass sie im Verborgenen, in einer bedrückenden Stille wirkt.

Einsamkeit kann auch inmitten von anderen Menschen gefühlt werden. Einsamkeitsgefühle können am Arbeitsplatz, beim Feiern, in der eigenen Familie entstehen. So schlimm, dass daraus Suizidgedanken entstehen können. Einsamkeit kann das Leben zur Hölle machen.

Von Menschen umgeben zu sein, von denen man das Gefühl hat, ihnen nichts zu bedeuteten, ist ein täglicher seelischer Vernichtungsschmerz, der die Einsame trotz Partnerschaft, Erfolg, Berühmtheit und gesellschaftlichem Ansehen ereilen kann. Marilyn Monroe, Janis Joplin, Marlene Dietrich sind berühmte Frauen, die einsam starben.

Dass Frauen stärker von Einsamkeit und Suizidgedanken betroffen sind, zeigten die Ergebnisse der Gutenberg-Gesundheitsstudie der Universität Mainz. Jeder zehnte Studienteilnehmer im Alter von 35 bis 74 Jahren litt unter Einsamkeit. Unter den alleine Lebenden fühlten sich Frauen in jüngeren Jahren (35 bis 44 Jahre) besonders häufig einsam. Die alleine lebenden Männer fühlten im Mittel zehn Jahre später verstärkt diese Einsamkeit. Insgesamt zeigten die Studienergebnisse, dass Alleinstehende, Frauen und jüngere Menschen ein erhöhtes Risiko für Einsamkeit aufweisen. Auch Depressionen, Angststörungen und Suizidgedanken sind in dieser Gruppe deutlich höher. Hinzu kommt: Wird ein einsamer Mensch depressiv, nimmt auf Grund der psychischen Erkrankung seine Fähigkeit, Beziehungen zu anderen aufzubauen, weiter ab.

Untersuchungen aus anderen Ländern haben die Ergebnisse der Mainzer Studie bestätigt. In England gibt es seit 2018 sogar ein Einsamkeitsministerium.

Was hat nun Einsamkeit mit Stille zu tun? Einsamkeit und Stille sind keine Verwandten. Dennoch bestehen Beziehungen zwischen ihnen.

Einsamkeit ist die unerwünschte Stille im Verborgenen. Einsamkeit ist ein Leben in sozialer Stille. Keiner ruft mich an. Keiner kommuniziert wirklich mit mir. Keiner interessiert sich für mich. Keiner kümmert sich um mich. Keiner berührt mich. Keiner mag mich. Irgendwann kann das Gefühl kommen: Ich bin Keiner.

»Wir definieren Einsamkeit als die wahrgenommene Diskrepanz zwischen den tatsächlichen und den gewünschten sozialen Beziehungen. Das meint sowohl die Tiefe oder Intimität einer Beziehung als auch die Anzahl der Freunde oder Sozialkontakte, die man wünscht,« sagt die Psychologin Susanne Bücker von der Ruhr-Universität Bochum.

Was hinter der sachlich formulierten Definition an täglich gelebter Trauer und Hoffnungslosigkeit steckt, bleibt den Augen der anderen meistens verborgen.

Die Stille der Einsamkeit ist bedrückend und unerwünscht.

Wenn Sie sich einsam fühlen: Warten Sie nicht auf Zuwendung von außen. Vielleicht weiß niemand, wie schlecht es Ihnen geht. Die beste Arznei gegen Einsamkeit ist es, Zuwendung und Aufmerksamkeit an andere zu verschenken. Schauen Sie, wem es schlechter geht als Ihnen selbst. Menschen, denen Sie helfen können. Da werden Sie gebraucht. Beginnen Sie mit einem Lächeln, das sicher zu Ihnen zurückkommen wird. Oder nehmen Sie ein Ehrenamt an. Das Leben kann wieder besser werden und die Stille wieder eine Freundin.

Renate Geiser

KONTEMPLATIVES GEBET

Hören gelingt nur im Schweigen.
Stille –
Ist Stille hörbar?
Stille im Außen – ich finde einen ruhigen Ort.
Stille im Inneren – das ist viel schwieriger.
Denn je stiller es um mich wird, desto lauter werden
meine Gedanken.
Gedanken, die sich drehen um Gewesenes und Zukünfti-
ges, Enttäuschungen, Wünsche, Pläne,
eine wahre Flut stürzt über mich herein,
welche Wohltat, wenn dieses Gedankenkarussell
zur Ruhe kommt,
zumindest für einen kurzen Moment ...
Wenn es wirklich still wird,
öffnet sich ein Raum – für Gott?

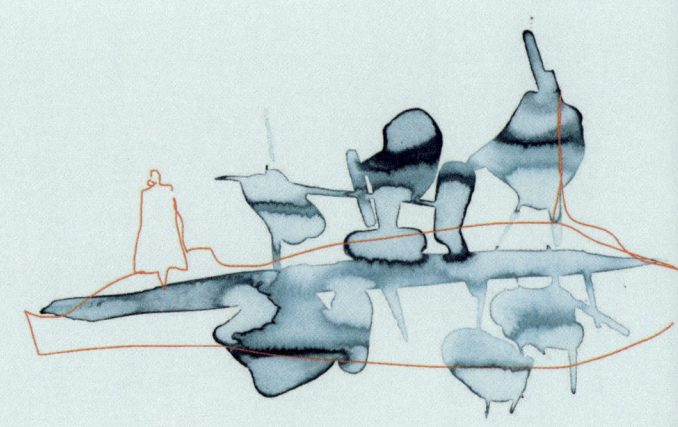

Stille fühlen – geht das?
Wenn Stille nicht einfach die Abwesenheit von Geräusch bedeutet,
sondern eine Erfahrung wird, die Menschen, die sich so
ausrichten, zusammen erleben,
dann wird Stille ein Geschenk, das wir uns
gegenseitig machen,
dann ist Stille hör- und fühlbar,
sie trägt und tröstet,
gibt der Sehnsucht eine Heimat.
Stille wird ein Ort, an den ich zurückkommen kann.
Stille wird ein heiliger Raum, den ich in mir trage.
Stille ist Warten
Stille ist Loslassen
Stille ist Sein
Stille
Ich will schweigen und warten und hören auf die Stille.

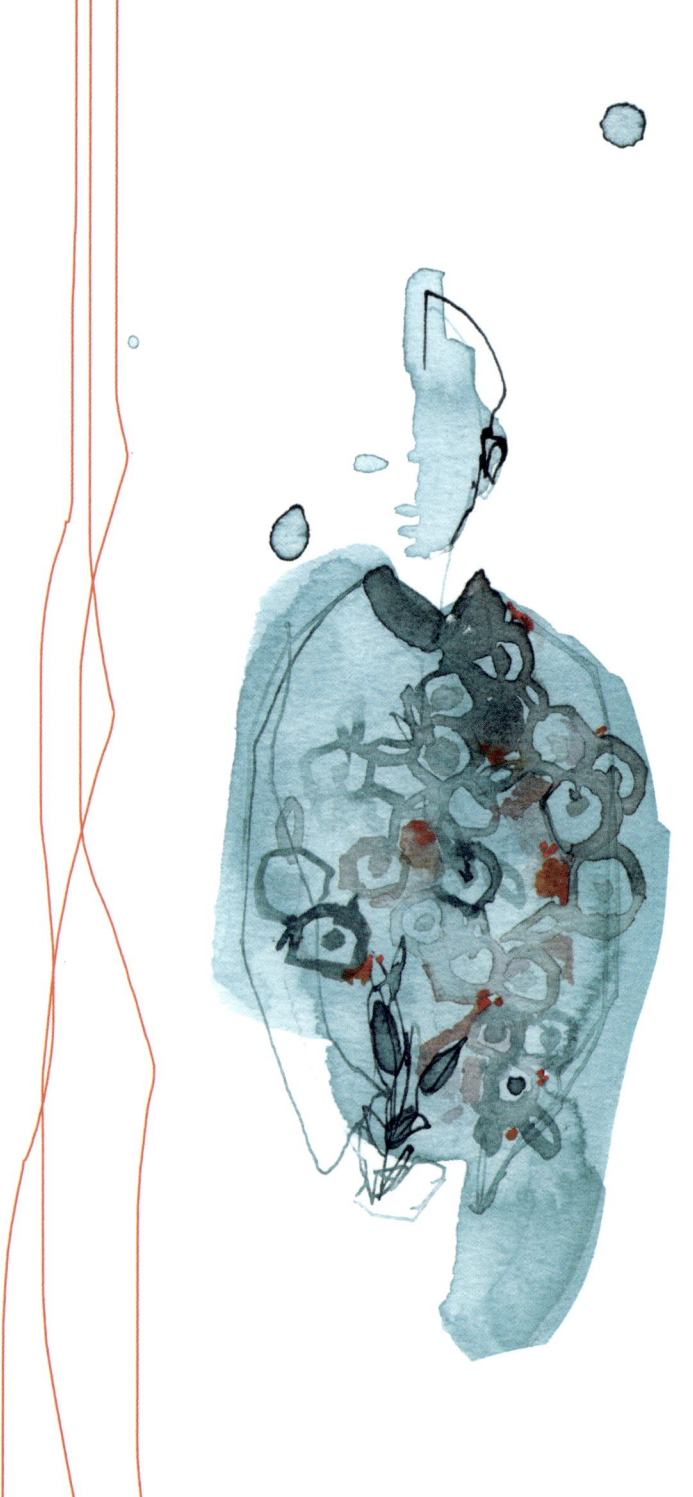

Kapitel 7

~~~~~~~~~~~~~~~~~~~~~~~~~~~~~~~

STILLE
ALS WEGWEISER

Ich stelle mir die Stille vor wie die Frau auf dem Cover dieses Buches: stark, in sich ruhend, stolz, schön, aber zurückhaltend.

Fühlt sie sich abgelehnt, gezwungen, ausgeschlossen oder rein nach Gesichtspunkten der Rentabilität behandelt, wird sie ihre Gaben nicht verteilen.

Denn die Stille liebt Zuwendung und Anerkennung. Stille möchte nicht ausgeschlossen werden, sondern zum Leben der Menschen ganz selbstverständlich dazu gehören. Fühlt sie sich gesucht, freudig erwartet und angenommen, beschenkt sie uns großzügig. Wir werden gelassener und souveräner im Umgang mit den Belastungen des Alltags. Wir sind selbstbestimmter und können leichter nein sagen zu Zumutungen und überhöhten Erwartungen. Wir nehmen unsere Umgebung bewusster wahr. Wir sind kreativer und fröhlicher.

Wir brauchen uns nur auf den Weg zu ihr machen. Die Räume, in denen sie sich aufhält, haben wir schon kennengelernt. Es sind ganz besonders die Wälder – und der Schlaf. Wir haben auch schon die engen Verwandten der Stille getroffen, die Meditation, die Achtsamkeit und das Schweigen. Wir sind ihren vergleichsweise jungen Widersachern begegnet, dem Lärm, dem Schlafmangel, der ständigen Erreichbarkeit, der Leistungsbesessenheit, dem Freizeitstress, der Zerstreuung und Ablenkung.

Jetzt geht es darum die Stille zurückzuholen. In den Alltag. Zu uns, in unsere Mitte. Um den roten Teppich für sie ausrollen zu können, müssen einige der oben genannten Störenfriede gelegentlich zurücktreten und Platz machen. Und echte Feinde sollten ganz verbannt werden. Sie werden sehen, es kann wirklich Freude machen, sich ihrer zu entledigen.

JOMO, Joy of missing out.

Die *Freude am Weglassen* ist das Motto, das der Stille den ihr gebührenden Platz zuweist und uns ihre Gaben sichert. Ihr gegenüber steht die FOMO (*Fear of Missing Out*), die Angst, etwas zu verpassen. FOMO kennen wir aus der Geschichte der Sängerin Aura, die dem Stress der Musikbranche und ihrem Liebeskummer entfloh. Zum Meditieren, Schweigen und Nachdenken hatte sie sich alleine in eine Hütte am Fuß der Berge des Himalaja zurückgezogen.

JOMO gegen FOMO. Die schöne Dame »Stille« lächelt uns aufmunternd zu. Sie ist sich sicher, dass diese Freude am Weglassen, das selbst gewählte Verpassen von Gelegenheiten und Möglichkeiten, uns guttut. Sie weiß, dass das JOMO, das freudige Wegschieben der Unruhestifter uns dem großen Schatz, unserer eigenen Stille, näherbringen wird.

Vielleicht können wir uns den Weg des Weglassens als wunderschöne Allee vorstellen?

Auch wenn es sicher nicht einfach ist, sich von Gewohnheiten aktiv abzuwenden. Viele gute Ratgeber und Sachbücher sind darüber geschrieben worden. Jede weiß, dass es nicht leichtfällt, aus einer Gewohnheit oder gar Sucht auszuscheren. Nicht von ungefähr sprechen wir von Handysucht oder Internetsucht.

Ich hatte mir angewöhnt, schon morgens, vor dem Aufstehen, die politischen Nachrichten der Online-Mediendienste zu lesen. Ebenso abends, vor dem Einschlafen. Dann fiel mir auf, dass ich meinen Tag meistens schlecht gelaunt begann. Das war nicht immer so gewesen. Im Nachdenken über diese Situation fiel mir auf: Ich hatte die Störenfriede meiner Seelenruhe sozusagen mit ins Bett genommen. Seitdem mir das klar geworden war, kann ich mein Smartphone abends in der Küche liegen lassen. Mein alter Wecker ruft mich morgens aus dem Bett. Dann öffne ich erst einmal das Fenster, prüfe die Temperatur, rieche die Luft, schaue mich um und wandere in mein Badezimmer. Mein Tag hat gut begonnen. Die Nachrichten aus aller Welt lese ich später.

Schwieriger wird es, wenn unser Verhalten schon Suchtqualität (Handysucht, Selfiesucht) angenommen hat. Doch auch hier haben wir starke Verbündete im Kampf gegen üble Gewohnheiten, die uns nicht zur Ruhe kommen lassen. Unser Körper und unsere Seelenkräfte warnen und helfen uns. Unser Körper signalisiert, dass etwas nicht stimmt: Nervosität, Schlafstörungen. Die Seele wird bockig: Niedergeschlagenheit, Unzufriedenheit, Selbstzweifel. Ein Beispiel aus meinem Leben kann Ihnen zeigen, wie diese beiden Kräfte uns beistehen.

Ich habe als junge Frau mindestens 16 Anläufe gebraucht, bevor ich mit dem Rauchen aufhören konnte. Selbstüberwindung, Selbstkontrolle und Mut waren damals gefragt. Und ich kämpfte wie viele von einer üblen Gewohnheit geplagten Menschen an zwei Fronten: gegen mich und gegen die Umwelt. Wie oft hielten mir damals sogenannte Freunde, die wussten, dass ich mit dem Rauchen aufhören wollte, eine Zigarette unter die Nase: »Ach, nimm doch eine«. »Don't be a Maybe« formulierte es ganz fies die Werbekampagne von Marlboro.

Zurück zu JOMO, der Freude am Weglassen, und denen, die sie verhindern wollen. Unterschwellig kann auch bei der scheinbar so harmlosen Frage »Wie, du kommst nicht mit?« der Ausschluss aus dem Freundeskreis mitschwingen. Wenn auch vielleicht noch in weiter Ferne.

»Ja, richtig, ich merke, dass mir mehr Ruhe guttun würde«, könnte eine erfrischend ehrliche Antwort sein. Bei hartnäckigem, penetrantem Nachfragen funktioniert dann ein deutlicherer Ton. Auch im Beruf kann eine entschiedene Aussage zum eingefordertem Arbeitspensum angebracht sein: »Ich habe mich entschieden, mich nicht mehr so auszupowern.«

Warum ist ein Angriffsmodus angebracht?

Weil Sie etwas zu verteidigen haben, das angegriffen wurde. Etwas, das für Sie extrem wichtig ist: Ihr Wunsch, sich nicht mehr allen Anforderungen bedingungslos unterzuordnen. Ob in der Familie, im Beruf und in der Freizeit.

Sie haben erlebt, was fehlende Ruhe und Ausgeglichenheit bewirkt. Sie können nicht mehr gut schlafen. Sie fühlen sich manchmal niedergeschlagen. Sie haben das Gefühl, dass alles zu viel wird. Das ist eine ernsthafte Bedrohung Ihres Lebens.

Vielleicht hilft Ihnen auch ein Gedanke, der mir damals beim Aufgeben des Rauchens geholfen hat. Mir fiel irgendwann auf, dass ich, wenn es um mein Körpergewicht ging, sehr konsequent und kontrolliert handeln konnte. Für mein Aussehen konnte ich Nein sagen und verzichten. Ich blieb sehr schlank und rauchte. Erst mein chronisch werdendes Hüsteln hielt mir den Körperspiegel vor. Ich sah in ihm den Ernst der Lage. Ich schaute aber auch in meinen Seelenspiegel und sah meine Fähigkeit zu Selbstkontrolle und Verzichtbereitschaft. Diese Fähigkeiten hatte ich ja beim Erreichen eines vergleichsweise nichtigen Ziels (schlanke Figur) unter Beweis gestellt. Warum also meine Fähigkeiten nicht für meine Gesundheit einsetzen? Nein zur Zigarette und ein Nein zu den falschen Freunden.

Ich konnte gewinnen, weil mir der Wert meiner Gesundheit bewusst geworden war. Die Zuneigung zu meinem gesunden Körper hat mir geholfen, nein zu sagen.

Es mag zunächst eigentümlich klingen: Doch ohne Zuneigung zu unseren jeweils gesteckten Zielen ist ein Scheitern häufig vorprogrammiert. Ohne Zuneigung kann sich die Verfolgung eines Ziels schnell in ein verbissenes *Müssen* verwandeln. Oder wir geben vorschnell auf. So ist es auch mit der Stille. Sie möchte, dass wir ihr mit Zuneigung (liebe Stille!) begegnen. Dass wir uns aktiv für sie entscheiden. Bereit sind, gegen ihre Widersacher aufzustehen.

Nein zum: es allen recht machen wollen. Alles schaffen wollen. Überall beliebt sein wollen. Nein zum Vergleichen mit anderen. Wir Menschen sind unterschiedlich, auch unterschiedlich leistungsfähig und unterschiedlich ruhebedürftig. Es macht im Zweifelsfall krank, das nicht akzeptieren zu wollen.

Und wir müssen manchmal Prioritäten setzen. »Einen Tod muss man sterben«, heißt es so unschön. Aber es stimmt. Bisweilen müssen wir uns vielleicht auch gegen gute Dinge in unserem Leben entscheiden, wenn sie zu viel geworden sind. Gegen die nette Truppe beim Französischkurs, gegen das Wochenende bei Freunden in 600 Kilometern Entfernung oder auch gegen einen Wunsch der Kinder.

Denn alles andere führt uns zwangsläufig weg von unserer inneren Ruhe. Und von der profitiert ja wiederum auch unser Umfeld.

Aber zuvorderst wir selbst. Kämpfen Sie unbeirrt für ein Ihnen wichtiges, Ihnen liebes Ziel. Zum Beispiel: jeden Tag 30 Minuten ohne eine nützliche Aufgabe alleine zu sein oder eine Eigenzeit in der Woche festzulegen. Und Sie werden ziemlich schnell positive Erfahrungen machen. Denn Ruhe bringt Kraft und Ausgeglichenheit. Sie verstärkt sich selbst positiv. Wahrscheinlich bekommen Sie wie Clara aus dem voranstehenden Kapitel positive Rückmeldungen aus Ihrer Umgebung.

Wenn auch sicher nicht alle positiv ausfallen werden. Ihr Verhalten ist ja plötzlich anders.

»Du warst doch sonst immer sofort dabei, wenn wir uns getroffen haben!« »Warum bist Du nicht mehr auf Instagram? Stimmt was nicht?« »Du hast nicht geantwortet auf meine Nachrichten!« »Wo warst du beim letzten Meeting?« »Soll ich jetzt wohl noch mehr Hausarbeit übernehmen?«

Es ist ein bekanntes psychologisches Phänomen, dass Veränderungen im eigenen Verhalten das Gegenüber erst einmal verunsichert.

Negative, kritische Rückmeldungen von Freunden und Familienmitgliedern haben ihre Grundlage häufig in dieser ersten, ganz normalen Verunsicherung. Denn ein Nein wirkt wie ein Stoppschild. Vor allem dann, wenn es unerwartet auftaucht. Bei einem Nein müssen die anderen auf die Bremse treten.

Gut zu wissen: Die kritischen oder negativen Kommentare der anderen sind zu erwarten, und sie sind aus deren Sicht auch nachvollziehbar.

Nein zu sagen schafft Turbulenzen. Denn im Nein stellen wir klar, was uns wichtig ist und wofür wir auch bereit sind zu kämpfen.

Hoffentlich.

Leider fällt das Kämpfen oft schwerer als gedacht. Das fängt schon beim Sprechen an. Es gibt eine Reihe verräterischer Floskeln, die mit echter Streitbarkeit unvereinbar sind. Welcher der folgenden Sprüche kommt Ihnen bekannt vor? Es heißt, Frauen benutzten diese Redewendungen häufiger als Männer.

»Alles gut!« oder »Ach, alles gut!« oder »Kein Problem. Alles gut!«

»Das war gar nicht als Kritik gemeint!«

»Ich will das gar nicht bewerten, aber …«

Gefährlich werden können diese kleinen Sätze, wenn sie nicht ausdrücken, was wir wirklich meinen. Ist wirklich gerade alles gut, wenn ich »Alles gut« sage? Habe ich mich nicht gerade geärgert, als ich »Alles gut!« sagte? Machte ich mir nicht gerade eine ganze Menge Sorgen, als ich »Ach, alles gut!« antwortete?

»Das war gar nicht als Kritik gemeint«. Habe ich das, was ich sagte, wirklich nicht als Kritik gemeint? Oder habe ich plötzlich Angst vor meinem Mut bekommen, eine inhaltliche Kritik auszusprechen?

»Ich will das gar nicht bewerten, aber …« Wollte ich nicht doch bewerten? Nach *meinem* Maßstab, nach dem, was *ich* gut oder schlecht finde?

Wenn dem so ist, haben alle Redewendungen die Funktion eines Rückziehers. Alle signalisieren dem anderen nicht, was wir wirklich gedacht und gefühlt haben.

Ein wirkliches, echtes Nein will aber gerade Ihre ganz persönliche Einstellung ausdrücken. Ohne dieses ewige Wenn und Aber.

Das positive Nein

Ein Nein, das Sie ernst meinen, weil Sie sich erforscht haben, ist ein positives Nein. Es ist ein positives Nein, weil es die Kehrseite eines Ja ist. Eines Ja zu Ruhe und Stille, zur Freude an der Stille, am Alleinsein, am Lauschen auf die Stille, die sich dann ausbreiten kann.

Es ist ein positives Nein, weil es sie beschützt. Vor zu viel Ablenkung, Trubel, Terminen, Hast.

Es ist ein positives Nein, da Sie auch für Ihre Familie und Freunde neue Wege der Ruhe vorleben und aufzeigen.

Es ist ein positives Nein, da nichts anziehender ist als ein gelassener, heiterer Mensch. Das können Sie sein.

Stellen Sie sich Ihr momentanes Leben wie ein Mobile vor, als ein Gebilde aus Stäben, Fäden und daran befestigten Figuren, das hängend befestigt wird. Die Figuren sind so ausbalanciert, dass das Ganze waagerecht hängt und bei einem Luftzug in Bewegung gerät. Sie und alle Ihre wichtigen Menschen haben als Mobilefiguren ihren Platz daran gefunden. Es läuft gut, oder zumindest ist es gut eingespielt im Hin- und Herschwingen. Bis Sie sich verändern!

Sie wollen jetzt jeden Tag eine halbe Stunde allein sein. Und Sie ziehen das durch. Diese Verhaltensveränderung können Sie sich bildlich so vorstellen, dass an ihrem Mobileteil sehr fest gezogen wird. Resultat ist, dass alle in Bewegung geraten. Wahre Freunde werden diesen ersten Bewegungs- und Verunsicherungsschock, der ja auch sie erfasst hat, ergründen wollen.

»Was ist denn so schlimm, dass du uns nicht sehen willst?« Das sich daraus ergebende Gespräch wird Ihre Freundschaft vertiefen und mit neuer Substanz füllen. Sie lassen Ihre Freunde an ihren inneren Gedanken, Beweggründen teilnehmen.

»Warum nimmst du nicht mehr am Mittwochsmeeting teil?« Auch im Berufsleben können Ihre Kollegen von Ihrer ehrlichen Antwort profitieren. Sie sagen vielleicht: »Weil ich erkannt habe, dass das am Mittwoch zu viel für mich ist. Meine ganze andere Arbeit leidet dann. Und das will ich nicht.« Sie geben damit den Anstoß dazu, dass auch Ihre Kollegen das Zeitpensum für sich hinterfragen.

Blättern wir einmal zurück zu Hildegard von Bingen: »Solange du nicht zulässt, dass deine Mitmenschen an deinem Innersten teilhaben, gibt es keine Geborgenheit.«

Vielleicht werden Sie sogar eine Trendsetterin, die JOMO im Freundeskreis salonfähig macht? Ihre Freundinnen, Kolleginnen, Familienmitglieder könnten erkennen, dass es ihnen ähnlich ergeht. Dass sie eigentlich auch öfter mal einfach nur Ruhe haben wollen. Aufatmen wollen. Runterkommen, weniger Stress haben, allein sein wollen.

Manchmal wird ihr Nein auf die Scheinfreunde treffen, von denen wohl jeder Mensch ein paar hat. Menschen, die wenig Interesse an Ihren Motiven und Bedürfnissen haben. Die werden sich dann auch nicht für die Gründe Ihres Rückzugs, Ihrer Verhaltensänderung interessieren und ihr Urteil schnell gefällt haben. Sie langweilig finden oder faul. Das sind aber eigentlich dann Menschen, auf die Sie ohnehin verzichten können. *Joy of missing out!*

RICARDA, 22 JAHRE

»Störend ist für mich, wenn ich mich mit Leuten umgebe, die permanent nur über ihre Themen reden. Nach einiger Zeit ist alles wie überspannt. Ich will dann eigentlich nicht weiter mit ihnen sprechen. Stille ist auch, wenn ich mich mit diesen Leuten nicht mehr unterhalte. Dann ist Funkstille zwischen uns.«

So hat es Ricarda erlebt. Dass Scheinfreunde gehen, erleben auch die Krebspatientinnen, mit denen ich arbeite. Zunächst sind sie darüber traurig. Für eine positive Krankheitsverarbeitung ist die Entwicklung aber oft heilsam. Denn Scheinfreunde sind eine Last, die nicht auch noch mitgetragen werden kann. Die Bürde der Erkrankung ist schwer genug. Alle Kräfte werden zur Heilung benötigt. Nicht wenige Patientinnen berichteten, dass, nachdem sie sich von den Scheinfreunden lösen konnten, unerwartet Menschen auftauchten, die bislang kaum eine Rolle in ihrem Leben gespielt hatten. Und die sich jetzt als wahre Freunde entpuppten.

So bietet JOMO mehr Chancen als FOMO. Denn Angst erzeugt Angst, und Freude erzeugt Freude. Das ist ein positiv sich selbst verstärkender Weg. Dopamin spielt im Gehirn dabei die Hauptrolle. Dazu gleich mehr.

Jetzt haben Sie es erst einmal geschafft!

Sie haben sich freie Zeit erkämpft. Durch positives Nein sagen und durch Bereinigung ihrer Sprache von Floskeln. Sie sind dadurch ehrlicher zu sich selbst und zu den anderen. Sie stehen mehr zu ihren Gefühlen.

Wo liegt nun das nächstgelegene Reich der Stille?

Ich will Ihnen noch mal drei vorstellen, die besonders mächtig und dabei, wenn Sie möchten, besonders niedrigschwellig zu erreichen sind.

Lesen – mit Flow-Garantie

Lesen ist eine wunderbare Form, sich aus dem Getümmel zurückzuziehen und Ruhe zu finden. Intuitiv erkannte das der Großteil der Befragten des *The Rest Test,* einer Studie zum Thema Ausruhen und Entspannen. Die britischen Forscherinnen Claudia Hammond und Gemma Lewis befragten 18 000 Personen aus 134 Ländern, was sie subjektiv als Ruhe bzw. Entspannung erlebten.

Die Ergebnisse des *The Rest Test* sind einerseits ernüchternd, andererseits ermutigend. »Mehr als zwei Drittel unserer Teilnehmer wünschten sich mehr Ruhe«, fasste die Studienleiterin zusammen. Und: Je weniger Ruhezeiten der Einzelne finden konnte, desto schlechter war es um sein seelisches und körperliches Wohl bestellt. Die ermutigende Nachricht ist, dass es einfache Aktivitäten oder Daseinsweisen sind, die den Befragten die Ruhe brachten. Ungestörtes Lesen, Schlaf, Naturbeobachtung und Aufenthalt in der Natur.

Bei Frauen hatte Lesen übrigens einen höheren Stellenwert als bei den Männern, um damit zur Ruhe zu kommen. Damit die Triade Lesen, Schlafen, Natur jeweils ihre positive Wirkung entfalten kann, nannten die Teilnehmer folgende Bedingungen:

»Für sich sein«, »ungestört sein«, »ohne störende Einflüsse von außen«. Beim Lesen sprechen wir nicht und wollen nicht angesprochen werden. Eine konzentrierte Stille erwartet uns. Auch hier gilt, dass häufig erst einmal der passende Platz, die richtige Umgebung gefunden werden muss. Und die richtige Zeit dafür. Ein aktives Befreien von allem, was stört – das können auch Menschen sein – ist eine Voraussetzung dafür, um über das Lesen wirklich abzutauchen.

Schaffen Sie sich Ihren ganz persönlichen Leseort. Allein an diesen Ort zu denken, wenn sie mitten in der Hektik des Tages stehen, kann sie aufbauen.

Beim Lesen können wir dann alles um uns herum vergessen. Wir sind mitten in der Geschichte. Das ist pures Glück. Es ist die berühmte Selbstversunkenheit, die wir hier erleben können. Die wir aus unserer Kindheit noch kennen und manchmal beim Fantasiespiel der Kinder beobachten können. Diese Selbstvergessenheit kann nur geschehen, wenn wir ins Buch hineinbummeln und unsere Konzentration voll auf den Inhalt lenken, ohne weitere Zweck- und Zielvorgaben. Konzentriert und entspannt sein bezaubert.

Der Psychologe Mihaly Csikszentmihalyi hat den Zustand entspannter Konzentration als *Flow* beschrieben. Flow ist ein magisches Wort geworden. Jeder möchte ihn erleben. Weil wir uns darin beschwingt, ja bisweilen euphorisch fühlen. Diese hinreißenden Gefühle beruhen auf der Aktivierung des hirneigenen Botenstoffes Dopamin, unseres körpereigenen Belohnungssystems. Es wird vor allem dann ausgeschüttet, wenn wir einer Tätigkeit um ihrer selbst nachgehen. Beim Lesen zum Vergnügen scheint die Zeit stillzustehen. Wir sind ganz bei uns selbst und der Geschichte angekommen. Für das ganz bei uns selbst sein ist die Interaktion unserer Gefühle mit unserem Denken entscheidend. Gedanken und Gefühle sind beim Lesen in einem kommunikativen Prozess. Wir sprechen sozusagen innerlich mit den Figuren des Buches. Wir erleben deren Beweggründe und Handlungsweisen mit. Wir erschrecken für sie und wir verdammen sie. Oder lieben sie. Wir versuchen, ihr Verhalten zu enträtseln. Wir erkennen uns in ihnen wieder. Das kann dazu führen, dass wir plötzlich laut auflachen oder weinen. Eine in ihr Buch versunkene Leserin ist alleine, aber nicht einsam. Beim Lesen vergessen wir unsere Schwächen und Probleme. Sogar unsere Einsamkeit. Das ist tröstlich. Nur das Träumen im Schlaf kann dies noch toppen.

Ein besonderes Erlebnis ist es übrigens, gleichzeitig für mich und doch mit anderen zusammen zu lesen. Die *Silent Reading Partys* sind ein Konzept, das der Stadtbibliothekar Michael Meyer-Spinner entdeckte und in sein Veranstaltungsprogramm in Osnabrück integrierte. Weitere Städte haben sich schon dafür geöffnet. Öffentliche Bibliotheken oder Unibibliotheken sind ebenfalls hervorragende Plätze, um in stiller Umgebung, im Sommer sogar klimatisiert, umgeben von anderen Menschen zu lesen und in aller Stille einen gemeinschaftlichen Flow zu erleben.

Natur – ursprüngliche Stille

Am Meer, im Gebirge, in der Wüste, auf Seen und Flüssen, im Wald, im Garten, im Park, im Eis und Schnee. Sind wir hier inmitten der Natur fehlt der menschengemachte Lärm. Die Natur selbst ist nur selten laut, bei Unwettern oder Katastrophen.

Manche besonderen Orte der Stille, wie die Wüste oder aber der hohe Norden, sind durch ihre Abgeschiedenheit und die dort vorherrschenden klimatischen Bedingungen nicht einfach zu erreichen, aber gerade deshalb reizvoll für Stillesuchende. Solche Reisen in die menschenferne Stille bieten den Vorteil, mit der Distanz zum Zuhause auch die Alltagsgedanken effektiver hinter sich lassen zu können. Und sich in der Folge leichter der Stille hingeben zu können. Vielleicht ist dieses völlige Raussein bisweilen sogar Voraussetzung, um sich in der Stille unangenehmen Wahrheiten zu stellen und weitreichende Entscheidungen zu treffen. Und so mancher Frau hat ein extremes Schweige- und Naturerleben sozusagen als Initiationsritus gedient, um auch zurück im Alltag mehr Stille ins eigene Leben hineinzulassen.

Hotels und Retreats in einsamen Gegenden oder aber gut abgeschirmt in der Stadt, aber auch Klöster und einfachere Refugien, bieten so ein geballtes Stilleerleben in einer etwas bequemeren Variante an.

Eva-Maria Walter

WALDES-STILLE

Der Wald war eine Bühne. Ein glänzender grüner Teppich. Hell in der Mitte, dunkel unter den Bäumen. Still war es, leiser als das Herzklopfen. Bewegte der Wind die Blätter, leuchteten sie wie grüne Edelsteine. Es wurde dunkler. Immer neue Farben entstanden, violett waren sie bis dunkelblau. Die Stille umarmte alles.

Die Bühne veränderte sich. Der Wind kämpfte mit den Bäumen, er nahm alle Gedanken mit.

Dann gab es nur noch den Regen. Zu laut für das feine Gehör des Wildes.

Die Vorstellung war zu Ende.

Auf dem Weg neben ihr raschelte es. Der kleine Dachs begleitete sie, hörte zu, was sie ihm erzählte.

Dunkel ist es geworden. Der Regen allein zu hören.

Lächelnd setzt die Mutter sich. Ihre Stiefel stehen hinter der Haustür, der Lodenmantel trocknet im Flur.

»Sicher hast du im Wald nur die Regenwürmer gesehen«, sagen die beiden Kinder.

Viele Jahre später fragt die Enkelin: »Wann gehst du morgen in den Wald?«

»Um halb vier, liebe Anna.«

»Versprich mir, mich zu wecken.«

Sonntägliche Ruhe über dem Dorf. Das Korn ist reif. Über der Langen Wiese geht die Sonne auf. Das Tal liegt noch im Nebel. Wir sitzen vor einer alten Scheune. Stille.

Doch wir sind nicht allein. Aus dem Schutz der Dunkelheit taucht das Rehwild auf.

Ehrfurcht vor den Geschöpfen des Waldes lehrte mein Vater mich. Ich kann sie weitergeben.

Ehe das Dorf erwacht, fahren wir in den nahen Wald. Von der Wiese kommen die Rehe in die feuchte Kühle unter dem Blätterdach.

Ein Schmalreh – im letzten Jahr geboren, jetzt umworben von einem jungen Bock. Es beginnt ein Spiel, bewegender als jede Theateraufführung.

»Bleiben die beiden jetzt zusammen?«, fragt Anna. Und: »Keiner meiner Freunde würde verstehen, was wir erlebt haben.«

In der Stille des Waldes haben wir ein winziges Stück Unendlichkeit erfahren.

Diese Orte bedienen die Sehnsucht, sich fernab von allem zu fühlen. Sie werben mit absoluter Ruhe und Stille, Raum und Leere. Dunkle Himmel in der Nacht, mit Sternen übersäht. Vor dem Zimmer, dem Balkon, der Terrasse erstrecken sich die Weiten unberührter Natur oder einfach ein herrlicher Garten. Es ist so schön, dass viele Besucher ihre Räume nicht verlassen wollen und sich einfach nur schauend versenken. Sogar der Hotelservice geschieht unsichtbar, wie von Zauberhand. Schon beim Betrachten der Fotos dieser Häuser meine ich die Stille zu spüren. Es ist schön, sich dort verkriechen zu können.

Die Stille der Natur ist aber nicht elitär. Sie kann im eigenen Garten, in der Lüneburger Heide, im Stadtwald oder im Bayerischen Wald, in einer stillen Ecke des Stadtparks wohnen. Sie beschenkt uns, wenn wir sie aufsuchen. Es gibt viele ruhige Orte in der Natur, die ohne allzu großen finanziellen Aufwand oder besondere Ausrüstung zu erreichen sind. Meere und Wüsten zu durchqueren, Pole und höchste Berggipfel zu erklimmen, sind Herausforderungen, die ich ehrfürchtig bestaune. Die Erfahrungen, die Frauen in anderen Teilen der Welt mit Stille gemacht haben, bewegen mich, wenn ich im Fernsehen oder im Bekanntenkreis davon höre. Ich persönlich strebe sie aber nicht an. Mit fehlt das Abenteuer-Gen. Ich liebe die alltägliche Stille in der leicht erreichbaren Natur.

Treffen Sie sich mit Ihrer guten Freundin doch einfach mal statt auf einen Kaffee zu einem langsamen Schweigegang durch den Wald. Ein Tag dort – und die eingeatmeten Terpenoide, das sind aromatische Pflanzenstoffe, die besonders von manchen Nadelbäumen verströmt werden, steigern die Anzahl der Killerzellen in Ihrem Blut um 40 Prozent. Ganz zu schweigen von der Reinigung und Stärkung, die Ihr Kopf erfährt.

Verbringen Sie die Mittagspause ein- oder zwei Mal in der Woche allein, in einem nahegelegenen Park, zur Not auf einer Mauer neben dem Gebüsch hinter der Firma. Machen Sie abends statt des Fernsehprogramms noch mal einen Spaziergang durch die Nachbarschaft, dort, wo sie der Natur am nächsten kommt. Mit Sicherheit stellen Sie fest, dass Sie danach besser schlafen werden.

Schlaf – im Königinnenreich der Stille

Die Stille des Schlafes ist eine besondere. Wir sind dabei ganz nach innen gewandt und kommunizieren nur mit uns selbst. Dieses Reich der Nachtstille öffnet sich uns täglich.

»Die Wachen haben eine einzige gemeinsame Welt. Im Schlaf wendet sich jeder der eigenen zu«, formulierte es der griechische Philosoph Heraklit im Jahr 540 v. Chr.

Im Schlaf befinden wir uns in einem anderen Bewusstseinszustand. Sind wir wach und erleben Stille, ist im menschlichen Gehirn immer auch das begriffliche Denken und das kausal-logische Erinnern aktiv. Im Schlaf arbeiten diese Bereiche anders. Doch unser Gehirn ruht sich im Schlaf nicht einfach aus, sondern es arbeitet unermüdlich weiter. Denn wir träumen. 1924 wurde von dem Neurologen Hans Berger zum ersten Mal die elektrischen Aktivitäten des menschlichen Gehirns im Schlaf aufgezeichnet. Ein Vierteljahrhundert später wurde der »REM-Schlaf« entdeckt. Das sind die Schlafphasen, in denen wir träumen. Werden Menschen am Schlaf und am Träumen gehindert, werden sie krank, in vorherigen Kapiteln war schon die Rede davon, wie häufig das geschieht.

Dennoch gibt es in unserer Gesellschaft eine eigentümliche Gleichgültigkeit gegenüber der Bedeutung des Schlafes.

Doch nun scheint sich endlich etwas zu regen. Ein großes Möbelhaus wirbt für eine bessere *Work-Life-Sleep-Balance*. Erste US-amerikanische Konzerne fördern ein Nickerchen am Arbeitsplatz. Nike und Uber halten Schlafräume vor. In der Google-Zentrale stehen Liegesessel mit Schlafhaube.

Schlafen am Arbeitsplatz! Die Menschen der Antike waren uns da voraus. Sie wussten um die Bedeutung des natürlichen Schlafrhythmus. War er gestört, wurde er von den damaligen Ärzten in Heilschlafstätten verordnet. Diese Heilschlafstätten – es gab im antiken Griechenland rund 300 – waren Asklepios, dem Sohn des Apollon und Gott der Heilkunst geweiht. Besonders dem Träumen wurde große Kraft für ein harmonisches, gesundes Leben zugesprochen. Aristoteles betrachtete den Traum als eine Botschaft der Seele, die zur Entelechie (*en-telos*: Ziel in sich) des Menschen, seiner Fähigkeit zur Selbstwerdung gehört. Die Nähe dieser antiken Sichtweise zu der Sigmund Freuds, dem Begründer der Psychoanalyse, ist frappierend. »Dass der Traum uns in Tiefen und Falten unseres Wesens blicken lässt, die uns im Zustand des Wachens meist verschlossen bleiben«, beobachtete Freud. Die Tiefen und Falten unseres Lebens stehen für unser Unbewusstes. »Das Unbewusste ist der viel größere Kreis, der den kleineren des Bewussten in sich einschließt«, schrieb er in *Die Traumdeutung*, die er im Jahr 1900 veröffentlichte. Über den Traum sagte er: »Eine hochkomplizierte Tätigkeit hat ihn aufgebaut.«

Was von der modernen Schlafmedizin vollauf bestätigt wird. Der Schlaf ist eine hochaktive Leistung des menschlichen Organismus. Er dient einer großen Vielzahl von Zwecken, die Geist und Körper zugute kommen. Rund ein Drittel unseres gesamten Lebens schlafen wir. Schon der große zeitliche Umfang weist auf die Bedeutung des Phänomens hin. Die Natur hält nur an Wichtigem fest. Wäre der Schlaf nicht so immens nützlich, hätte sie ihn getilgt.

Zwei Faktoren beeinflussen unser Schlafverhalten: eine Uhr und ein chemischer Stoff. Die 24-Stunden-Uhr sitzt in unserem Gehirn.

Ihr Name lautet: suprachiasmatischer Nucleus. Sie sorgt dafür, dass wir merken, wann wir schlafen sollten und dass wir von allein nach einer angemessenen Anzahl von Stunden wieder aufwachen.

Auch der zweite Faktor, das Melatonin, entsteht im Gehirn. Es ist ein chemischer Botenstoff, der die Schläfrigkeit hervorruft.

Ein gesunder, erholsamer Schlaf richtet sich nach dem von diesen beiden Faktoren vorgegebenen Biorhythmus. Das bedeutsame Ührchen in unserem Kopf weiß, dass wir weit vor Mitternacht zu Bett gehen sollten. Nach 7 bis 8 Stunden werden wir dann wieder geweckt.

In den Erstgesprächen in meiner Praxis befrage ich meine Patientinnen immer möglichst detailliert zu ihren Schlafgewohnheiten. Am Schlafverhalten eines Menschen lässt sich viel über dessen Leben ablesen. Gesichert ist, dass ausreichender Schlaf und Träumen unser körperliches, geistiges und seelisches Wohlbefinden positiv beeinflusst. Liegt ein schädliches Schlafverhalten vor, lautet deshalb meine Devise: Guter Schlaf zuerst!

Das kann mit der Frage beginnen: Was kann ich weglassen, um zu mehr Schlaf vor Mitternacht zu kommen?

Wieder ist das Weglassen und das positive Neinsagen gefragt. In dieser Frage besonders oft zu sich selbst. Sind Antworten gefunden, zum Beispiel keine Serie mehr im Bett zu schauen, kann mit der Umsetzung begonnen werden.

Der gute Schlaf beginnt schon früh am Tag. Denn wenn wir uns tagsüber keine Pause gönnen, alle persönlichen Fragen, Wünsche, Sorgen hintanstellen, dann tauchen sie nachts im Bett mit großer Wahrscheinlichkeit auf. Wir grübeln, machen uns Sorgen, und der Schlaf will sich nicht einstellen.

Oft hilft schon eine kurze Auszeit tagsüber. In der Mittagspause auf der Parkbank alleine. Oder bevor die Kinder zurückkommen nicht aufräumen, sondern sich die Erlaubnis geben und in den Sessel legen.

Beim stillen Tun können sich Gedanken einstellen und ordnen. Auch Unkraut jäten im Garten eignet sich dazu!

Falls Sie nicht alleine leben, halte ich es für wichtig, dass »Hilfspartner« gesucht werden, die in ihre Pläne (zum Beispiel möglichst zum gleichen Zeitpunkt zu Bett gehen, ohne Telefon und Laptop) eingeweiht sind und sie tatkräftig unterstützen. Am besten macht ihr Hilfspartner das Gleiche.

Schlafen ist Loslassen von kontrolliertem Denken und beherrschtem Fühlen. Das Loslassen fällt nach meinen Beobachtungen vor allem dann schwer, wenn das Leben ständig kontrolliert werden soll. Wenn es schwer fällt abzugeben, wenn unrealistische, perfektionistische Erwartungen an sich selbst gestellt werden. Sei es selbst gesetzt oder aufgezwungen.

»Ich komme mit vier Stunden Schlaf aus. Ich war schon immer so ein Energiebündel«, sagte mir kürzlich eine Unternehmerin. Unter den Tisch ließ sie fallen, dass sie äußerst nervös, fahrig und angespannt war. Dass sie sogar, um diesen kurzen Schlaf zu bekommen, Schlaftabletten einnahm. Dass sie beständig Magenbeschwerden hatte.

Von jungen Menschen höre ich, dass sie, obgleich müde und erschöpft, nicht zu Bett gehen. Da werden Mails geschrieben, wird noch eine Feier besucht, eine Serie geschaut, auch nachts ins Fitnessstudio geeilt.

Der Schlaf dieser Frauen teilt das Schicksal der Stille: Er wird verdrängt, ins Abseits geschoben. Er findet keine Zuwendung.

Doch beginnen wir, sie ihm zu schenken, werden wir belohnt. Denn im Schlaf werden wichtige Denkfunktionen gefördert: Neues zu lernen, Bekanntes neu zusammenzusetzen. Ein unausgeschlafenes Gehirn gleicht da eher einem großlöchrigen Sieb: Wenig bleibt hängen. Der Schlaf hält uns psychisch gesund, da emotionale Schaltkreise im Gehirn neu ausgerichtet werden. Die positive Wirkung der Träume ist hierfür schlichtweg einzigartig. Im Träumen wird Schmerzliches gelindert, die Kompetenz, Emotionen genau zu erfassen, steigt, und Kreativität wird gefördert. Denn im Traumschlaf werden neue Erinnerungen und Emotionen mit dem gesamten Bestand der zuvor gemachten Erfahrungen abgeglichen. Im Traum wird jede Nacht ein großes assoziatives Netz geknüpft. Deshalb wachen wir manchmal auf und wissen eine Lösung für das ungelöste Problem des Vortages. Können die Aufgabe, durch die wir am Vorabend gedanklich wie durch zähen Honig wateten, plötzlich mit Leichtigkeit und Kreativität bewältigen.

Auch der Körper profitiert vom Schlaf. Er schützt vor physischen Erkrankungen, da im Schlaf wie im Wald der Vorrat an Abwehrkräften aufgefrischt wird. Schlaf hält uns sogar schlank und schön. Jede von uns kennt das: Je müder, desto mehr Hungergefühl entsteht. Je ausgeschlafener, desto straffer die Gesichtszüge.

Die positiven Auswirkungen des Schlafes überflügeln die Bedeutung ausgewogener Ernährung und ausreichender Bewegung bei Weitem. »Schlaf ... die stärkste Waffe von Mutter Natur«, formuliert es deshalb sehr treffend der amerikanische Schlafforscher Matthew Walker.

Schlaf, das schönste Geschenk der Stille, möchte ich anfügen – und damit schließen und Ihnen *The Joy of missing out* wünschen.

ALLEINZEIT

Als introvertierter Mensch, der im Beruf aber viel unter Leute muss, hab ich irgendwann angefangen, mir auch ganz bewusst Zeit für mich allein zu nehmen. Ohne diese Alleinzeit fühle ich mich bald erschöpft und verliere den Bezug zu mir selbst – und zu den Menschen um mich herum. Ich trage jetzt Alleinzeit in meinen Terminkalender ein, sowohl während er Arbeitszeit als auch abends und an Wochenenden. Zum Beispiel blockiere ich donnerstags von 13 bis 16 Uhr den Kalender für jegliche Meetings oder Gespräche. Diese Zeit der Stille gibt mir Raum nachzudenken, wichtige Dinge zu erledigen und aufzutanken. Nach Möglichkeit nehme ich auch einen Tag am Wochenende nur für mich. Ich schalte mein Handy aus und damit den endlosen Strom von Mitteilungen, Textnachrichten und Mails. Stattdessen lese ich ein gutes Buch, mache lange Spaziergänge in der Natur oder zeichne.

Obwohl ich Stille liebe, habe ich mit traditioneller Meditation nie etwas anfangen können. Zeichnen ist das, was bei mir einer meditativen Übung am nächsten kommt. Regungslos dasitzen oder zu liegen ist eine zu existenzielle Erfahrung für mich. Das Gefühl, dass ich eine isolierte, in einem Körper eingeschlossene Bewusstheit bin, macht mich traurig, einsam und weckt Todesängste. Illustrieren oder Laufen wirkt viel beruhigender auf mich, weil ich dabei einen meditativen Zustand erreiche, obwohl ich körperlich und geistig aktiv bin.

Ich habe auch herausgefunden, dass Alleinzeit mir hilft, wenn ich mich schwermütig fühle. Früher habe ich mich dazu gezwungen, gesellig zu sein, aber jetzt akzeptiere ich mein Verlangen nach Stille und

Alleinsein. Stille gibt mir Raum, in mich zu gehen und neue Ideen hochkommen zu lassen – und dann diese Ideen in Kunst zu verwandeln. Einige meiner mir liebsten Illustrationen entstanden in Zeiten, in denen ich traurig war und allein sein musste. Während ich etwas Greifbares schaffe, ruhe ich in mir. Es ist eine wunderbare Erfahrung, etwas in die Welt zu bringen, das in dir seinen Ursprung hat.

DANK

Dieses Buch wäre nicht möglich gewesen ohne die Anregung, Ermunterung und Unterstützung von Menschen, die mir nahestehen. Dafür bin ich ihnen allen sehr dankbar. Da ist zunächst meine liebe Freundin Dr. Sybille Bayerl, die die entscheidenden Schritte zu diesem Buch angestoßen hat. Meine Verlegerin, Frau Dr. Elisabeth Sandmann hat mir vertraut, mit gutem Gespür das Projekt ins Leben gerufen und nachhaltig unterstützt. Verena von Plüskow gilt als meiner Lektorin ein besonderer Dank für ihre kluge, intuitive und kritische-konstruktive Begleitung bei der Entstehung dieses Buches. Wir haben oft gelacht. Zart und zugleich kraftvoll hat Justine Nessi die weibliche Seite der Stille künstlerisch gestaltet. Auch dafür bin ich sehr dankbar. Ohne die vielfach sehr intensiven Gespräche mit Frauen aus den unterschiedlichsten gesellschaftlichen Bereichen und aus jeder Altersgruppe wäre die Vielfalt von Stille für Frauen nicht zum Tragen gekommen. Dies spiegelt sich auch in den namentlich gekennzeichneten Texten wider. Mein Mann und meine Söhne sind meinen Gedanken gefolgt, haben mich korrigiert, wo es nötig war, und haben mein langes Verschwinden in der Stille kreativen Arbeitens mit großem Wohlwollen und praktischer Tat begleitet. Danke nicht nur dafür!

Luitgard Jany
Würzburg, im September 2019

BIOGRAFIEN

LUITGARD JANY

lebt als Psychologin, Autorin und Dozentin in Würzburg. Nach ihrer Arbeit mit mehrfach behinderten Kindern studierte und forschte sie in Kalifornien zur systemischen Psychologie (bei Martin J. Kirschenbaum, San Francisco), zu Psychoonkologie und Krisenintervention (bei Paul Watzlawick, Palo Alto). Danach arbeitete sie neben einer Vortrags- und Supervisionstätigkeit in der Gesundheitspsychologie als Klinische Psychologin an der Universität Würzburg. Seit der Geburt ihres zweiten Sohns führt sie mitten im Wald eine freie Praxis mit den Schwerpunkten »Lebenskrisen« und »Veränderung«. Stille ist nicht nur essenziell in ihrer beruflichen Tätigkeit, sondern auch privat schätzt Luitgard Jany die stille Einkehr: beim Lesen, Skilanglaufen und Bergwandern.

JUSTINE NESSI,

geboren in Frankreich 1966, studierte Architektur und Design in Paris und arbeitete dort 10 Jahre lang als Architektin. Seit 2011 zeigt sie ihre Arbeiten als Malerin in verschiedenen Galerien. Sie arbeitet vorwiegend mit Tusche. Im Jahr 2015 gründete sie ihr eigenes Label für Designer-Taschen in München, nachdem sie das Handwerk in Italien gelernt hat. Sie ist auch als Buch-Illustratorin tätig. Justine Nessi ist verheiratet, hat drei Kinder und lebt in München.

KURZBIOGRAFIEN

STEFANIE MAY

Jahrgang 1965, ist Volkswirtin und arbeitet als Lehrerin an einer Berufsschule. Sie lebt mit ihrer Familie seit 20 Jahren in einem Forsthaus im fränkischen Steigerwald und geht gern zur Jagd.

PETRA F.

Jahrgang 1973 arbeitet als Förderschullehrerin bei Frankfurt. Sie findet Stille beim Wandern, bei Spaziergängen in der Natur und beim Lesen.

KATJA STERZENBACH

ist studierte Sport- und Sozialwissenschaftlerin. Nach intensiven Meditationserfahrungen widmet sie sich heute in einer Kombination von fernöstlicher Weisheit und Erfahrungen aus der Businesswelt als Holistic Life Coach, Speakerin und Buchautorin Achtsamkeit und ganzheitlicher Gesundheit. Außerdem bietet sie offene Retreats an.

HEIDI GUTSCHMIDT

Jahrgang 1957, arbeitete zunächst als Rechtsanwältin. 2005 gründete sie zusammen mit ihrem Mann in Rosenheim das interdisziplinäre Gesundheits- und Kurzentrums RoSana, das sie seither leitet. Jüngst machte sie die Ausbildung zur Sri-Sri-Yogalehrerin, demnächst eröffnet sie ein Yoga-Retreat-Zentrums in Tremosine über dem Gardasee.

SR. LYDIA WIESSLER

Jahrgang 1948, von der Kongregation der Schwestern des Erlösers, besuchte mehrmals die Diözese Mitwara in Tanzania, zuletzt für einige Monate, um die dort aufstrebenden tanzanischen Ordensniederlassungen der afrikanischen Schwestern des Erlösers zu unterstützen. Zur Zeit ist sie Ordensbeauftragte und Kommunitätsleiterin im Krankenhaus St. Josef in Schweinfurt.

EVA-MARIA WALTER

geboren 1933. Die Jahre in Wald und Flur lehrten sie das Sehen. Sie wurde Malerin, zunächst in Aquarell, heute Mixed Media, und erlebte unterschiedlichste Länder. Venedig und New York sind ihre Antipoden.

DR. MED. RENATE GEISER

Jahrgang 1956, lebt und arbeitet in Würzburg als Internistin und Intensivmedizinerin in einer Klinik. Seit vielen Jahren widmet sie sich der Meditation und dem Kontemplativen Gebet.

LIZ FOSSLIEN

Jahrgang 1987, lebt in San Francisco. Sie arbeitet als Marketing- und Designberaterin. Im Februar 2019 erschien ihr Buch *No hard feelings. Emotions at work* im amerikanischen Penguin Verlag. Von ihr stammen auch alle Illustrationen darin.

IMPRESSUM

© Elisabeth Sandmann Verlag GmbH, München 2019
ISBN 978-3-945543-72-6
Alle Rechte vorbehalten.

1. Auflage
Text: Luitgard Jany
Illustrationen: Justine Nessi
Lektorat: Verena von Plüskow
Gestaltung: Karin Miller
Herstellung: Peter Karg-Cordes
Lithografie: Jan Russok, RR Creative Service
Druck und Bindung: ForPress, Nitra

Besuchen Sie uns im Internet unter www.esverlag.de